新时代智库出版的领跑者

国家智库报告 2022（27）
National Think Tank

中国非洲研究院文库·智库系列

中非产能合作重点国别研究

中国与肯尼亚的产能合作

邓延庭 著

PRODUCTION CAPACITY COOPERATION BETWEEN
CHINA AND KENYA

中国社会科学出版社

图书在版编目(CIP)数据

中国与肯尼亚的产能合作 / 邓延庭著 . —北京：中国社会科学出版社，2022.6

（国家智库报告）

ISBN 978-7-5227-0822-5

Ⅰ.①中… Ⅱ.①邓… Ⅲ.①区域经济合作—国际合作—研究报告—中国、肯尼亚 Ⅳ.①F125.4②F142.454

中国版本图书馆 CIP 数据核字（2022）第 171319 号

出 版 人	赵剑英
项目统筹	王 茵　喻 苗
责任编辑	喻 苗
责任校对	朱妍洁
责任印制	李寡寡

出　　版	中国社会科学出版社
社　　址	北京鼓楼西大街甲 158 号
邮　　编	100720
网　　址	http://www.csspw.cn
发 行 部	010-84083685
门 市 部	010-84029450
经　　销	新华书店及其他书店
印刷装订	北京君升印刷有限公司
版　　次	2022 年 6 月第 1 版
印　　次	2022 年 6 月第 1 次印刷

开　　本	787×1092　1/16
印　　张	10
插　　页	2
字　　数	100 千字
定　　价	58.00 元

凡购买中国社会科学出版社图书，如有质量问题请与本社营销中心联系调换

电话：010-84083683

版权所有　侵权必究

《中国非洲研究院文库》
编委会名单

主　任　蔡　昉

编委会　（按姓氏笔画排序）

　　　　　王　凤　　王林聪　　王启龙　　王利民　　安春英
　　　　　邢广程　　毕健康　　朱伟东　　李安山　　李新烽
　　　　　杨宝荣　　吴传华　　余国庆　　张永宏　　张宇燕
　　　　　张忠祥　　张振克　　林毅夫　　罗建波　　周　弘
　　　　　赵剑英　　姚桂梅　　党争胜　　唐志超

充分发挥智库作用
助力中非友好合作

——《中国非洲研究院文库总序言》

  当今世界正面临百年未有之大变局。世界多极化、经济全球化、社会信息化、文化多样化深入发展，和平、发展、合作、共赢成为人类社会共同的诉求，构建人类命运共同体成为各国人民共同愿望。与此同时，大国博弈加剧，地区冲突不断，恐怖主义难除，发展失衡严重，气候变化问题凸显，单边主义和贸易保护主义抬头，人类面临诸多共同挑战。中国是世界上最大的发展中国家，是人类和平与发展事业的建设者、贡献者和维护者。2017年10月中国共产党第十九次全国代表大会胜利召开，引领中国发展踏上新的伟大征程。在习近平新时代中国特色社会主义思想指引下，中国人民已经实现了第一个百年奋斗目标，正在意气风发向着全面建成社会主义现代化强国的第二个百年奋斗目标迈进，同时继续努力为人类作出新的更大贡献。

非洲是发展中国家最集中的大陆，是维护世界和平、促进全球发展的重要力量之一。近年来，非洲在自主可持续发展、联合自强道路上取得了可喜进展，从西方眼中"没有希望的大陆"变成了"充满希望的大陆"，成为"奔跑的雄狮"。非洲各国正在积极探索适合自身国情的发展道路，非洲人民正在为实现《2063年议程》与和平繁荣的"非洲梦"而努力奋斗。

中国与非洲传统友谊源远流长，中非历来是命运共同体。中国高度重视发展中非关系，2013年3月习近平担任国家主席后首次出访就选择了非洲；2018年7月习近平连任国家主席后首次出访仍然选择了非洲；6年间，习近平主席先后4次踏上非洲大陆，访问坦桑尼亚、南非、塞内加尔等8个国家，向世界表明中国对中非传统友谊倍加珍惜，对非洲和中非关系高度重视。在2018年中非合作论坛北京峰会上，习近平主席指出："中非早已结成休戚与共的命运共同体。我们愿同非洲人民心往一处想、劲往一处使，共筑更加紧密的中非命运共同体，为推动构建人类命运共同体树立典范。"2021年中非合作论坛第八届部长级会议上，习近平主席首次提出了"中非友好合作精神"，即"真诚友好、平等相待，互利共赢、共同发展，主持公道、捍卫正义，顺应时势、开放包容"。这是对中非友好合作丰富内涵的高度概括，是中非双方在争取民族独立和国家解放的历史进程中培育的宝贵财富，是中非双方在发展振兴和团结协作的伟大征程上形成的重要风范，体现了友好、平等、共赢、正义的鲜明特征，是新型国际关系的时代标杆。

随着中非合作蓬勃发展，国际社会对中非关系的关注度不断提高，出于对中国在非洲影响力不断上升的担忧，西方国家不时泛起一些肆意抹黑、诋毁中非关系的奇谈怪论，诸如"新殖民主义论""资源争夺论""中国债务陷阱论"等，给中非关系发展带来一定程度的干扰。在此背景下，学术界加强对非洲和中非关系的研究，及时推出相关研究成果，提升中非国际话语权，展示中非务实合作的丰硕成果，客观积极地反映中非关系良好发展，向世界发出中国声音，显得日益紧迫和重要。

以习近平新时代中国特色社会主义思想为指导，中国社会科学院努力建设马克思主义理论阵地，发挥为党和国家决策服务的思想库作用，努力为构建中国特色哲学社会科学学科体系、学术体系、话语体系作出新的更大贡献，不断增强我国哲学社会科学的国际影响力。中国社会科学院西亚非洲研究所是遵照毛泽东主席指示成立的区域性研究机构，长期致力于非洲问题和中非关系研究，基础研究和应用研究并重。

以中国社会科学院西亚非洲研究所为主体于2019年

4月成立的中国非洲研究院，是习近平主席在中非合作论坛北京峰会上宣布的加强中非人文交流行动的重要举措。自西亚非洲研究所及至中国非洲研究院成立以来，出版和发表了大量论文、专著和研究报告，为国家决策部门提供了大量咨询报告，在国内外的影响力不断扩大。按照习近平总书记致中国非洲研究院成立贺信精神，中国非洲研究院的宗旨是：汇聚中非学术智库资源，深化中非文明互鉴，加强治国理政和发展经验交流，为中非和中非同其他各方的合作集思广益、建言献策，为中非携手推进"一带一路"合作、共同建设面向未来的中非全面战略合作伙伴关系、构筑更加紧密的中非命运共同体提供智力支持和人才支撑。中国非洲研究院有四大功能：一是发挥交流平台作用，密切中非学术交往。办好"非洲讲坛""中国讲坛""大使讲坛"，创办"中非文明对话大会""非洲留学生论坛""中国非洲研究年会"，运行好"中非治国理政交流机制""中非可持续发展交流机制""中非共建'一带一路'交流机制"。二是发挥研究基地作用，聚焦共建"一带一路"。开展中非合作研究，对中非共同关注的重大问题和热点问题进行跟踪研究，定期发布研究课题及其成果。三是发挥人才高地作用，培养高端专业人才。开展学历学位教育，实施中非学者互访项目，扶持青年学者和培养高端专业人才。四是发挥传播窗口作用，讲好中非友好故事。办好中国非洲研究院微信公众号，办好中英文中国非洲研究院网站，创办多语种《中国非洲学刊》。

为贯彻落实习近平主席的贺信精神，更好汇聚中非学术智库资源，团结非洲学者，引领中国非洲研究队伍提高学术水平和创新能力，推动相关非洲学科融合发展，推出精品力作，同时重视加强学术道德建设，中国非洲研究院面向全国非洲研究学界，坚持立足中国，放眼世界，特设"中国非洲研究院文库"。"中国非洲研究院文库"坚持精品导向，由相关部门领导与专家学者组成的编辑委员会遴选非洲研究及中非关系研究的相关成果，并统一组织出版。文库下设五大系列丛书："学术著作"系列重在推动学科建设和学科发展，反映非洲发展问题、发展道路及中非合作等某一学科领域的系统性专题研究或国别研究成果；"学术译丛"系列主要把非洲学者以及其他地方学者有关非洲问题研究的学术著作翻译成中文出版，特别注重全面反映非洲本土学者的学术水平、学术观点和对自身发展问题的见识；"智库报告"系列以中非关系为研究主线，中非各领域合作、国别双边关系及中国与其他国际角色在非洲的互动关系为支撑，客观、准确、翔实地反映中非合作的现状，为新时代中非关系顺利发展提供对策建议；"研究论丛"系列基于国际格局新变化、中国特色社会主义进入新时代，集结中国专家学者研究非洲政治、经济、安全、社会发展等方面的重大问题和非洲国际关系的创新性学术论文，具有基础性、系统性和标志性研究成果的特点；"年鉴"系列是连续出版的资料性文献，分中英文两种版本，设有"重要文献""热点聚焦""专题特稿""研究综述""新书选介""学刊简介""学术机构""学术动态""数据统计""年度大事"等栏目，系统汇集每年度非洲研究的新观点、新动态、新成果。

期待中国的非洲研究和非洲的中国研究在中国非洲研究院成立新的历史起点上，凝聚国内研究力量，联合非洲各国专家学者，开拓进取，勇于创新，不断推进我国的非洲研究和非洲的中国研究以及中非关系研究，从而更好地服务于中非共建"一带一路"，助力新时代中非友好合作全面深入发展，推动构建更加紧密的中非命运共同体。

中国非洲研究院

前　言
充分发挥智库作用，助力中非产能合作

中非产能合作是中国"一带一路"建设的重要内容之一，反映了中国经济步入"新常态"后的一种新的综合性需求。非洲大陆作为中国"一带一路"建设的重要延伸地带，是中国对外经济交往中不可或缺的重要伙伴。中国与非洲国家开展产能合作，既可助力非洲实现工业化、城市化、一体化以及可持续发展，也是服务中国国内富裕产能"走出去"、促升级的重要途径，体现中非全面战略合作伙伴关系的重要举措，意义重大。

第一，中非产能合作的领域相当广泛，不仅涵盖传统的双边贸易、双向投资和对非承包工程以及对非援助，而且还涉及金融领域的合作以及区域经济一体化合作中的贸易投资自由化与便利化，因此是深耕厚植传统经贸合作领域和创新培育新的合作领域与新合

作方式的重要途径。第二，加强产能合作是深化中非经贸合作关系的重要的途径。通过产能合作可以引领中非之间简单的贸易投资合作向产业合作方向深化发展，这不仅可以促进中非之间发展战略的对接，而且有助于形成中非产业价值链，推动中非经贸合作进入全新的阶段。第三，中非产能合作可以满足中非双方共同发展的需要，具有坚实的客观基础。一方面非洲国家具有推进工业化、城市化、一体化进程的现实需要；另一方面中国优势产能、强大建设能力的输出可以为非洲提供工业化、城市化、一体化建设所必需的资金和生产技术。因此，中非之间加强产能合作符合中非各自的比较优势和发展需要。第四，产能合作与"一带一路"倡议中的"贸易畅通""设施联通""资金融通"和"政策沟通"具有密切的联系。因此，在"一带一路"框架下加强中非产能合作，对于推进"一带一路"建设，拓展新时代中非各领域合作，构建更加紧密的中非命运共同体具有非常重要的意义。第五，加强中非产能合作符合中国的国际化发展战略。根据2015年出台的《国务院关于推进国际产能和装备制造合作的指导意见》，国际间的产能合作超越了以国际贸易、国际投资和国际技术流动等为代表的传统的、单一的国际分工模式，是一种跨越国家地理边界，包含产品分工合作、消费市场和生产要素市场的跨国合作模式。因此，加强中非产能合作是深化中非经贸合作的重要途径和战略发展方向。

在此背景下，如何加强中国与非洲的产能合作成为国内非洲学界普遍关注的问题。然而对于什么是产能合作，影响中非产能合作的主要因素是什么，如何确定中非产能合作重点领域，哪些国家是中非产能合作的重点国别等问题，并没有取得一致的看法和清晰的认识。而且中非产能合作是一个规模庞大的系统工程，而中国与非洲在国别层面进行的双边合作是保障重要举措的落地生根的基础性工程，但现有的研究成果难以满足中国政府职能部门及相关合作主体的实际需求。为此，2017年中国社会科学院西亚非洲研究所批准设立创新工程《中国与非洲产能合作重点国家研究》项目，一方面旨在清晰界定产能合作内涵的基础上，从理论和实证两个方面深入分析中非产能合作理论依据和现实基础，进一步甄别和判断中非产能合作的重点产业选择和区位选择。另一方面，旨在弥补国内非洲国别区域研究的弱项，力争从国别层面着手，对非洲重点国家产能合作的微观需求与潜力，中国与非洲重点国家进行产能合作的现状、特点与面临的问题，以及中非产能合作的国别模式进行基础性、针对性、理论性的综合研究，提出兼具战略性、前瞻性、可操作性的对策建议，力争从根源上保障中非产能合作永续发展的双赢目标。

经过5年的研究，创新项目组不仅从中国对非洲大陆的层面全面评估了中非产能合作的总况，更是针对非洲国家众多、资源禀赋和市场条件多样化的特点，甄选出南非、尼日利亚、肯尼亚、埃塞俄比亚、埃及5个国家，分别就中国与上述国家产能合作的情况进行了重点考察。研究推进体现在以下五个方面：其一，总报告在综合分析各种因素的基础上论证了中非产能合作的理论和现实基础（物质条件、载体条件、政策条件和金融条件），全面概述了2015年以来中非产能合作发展的阶段性进展，包括中非产能合作的产业分布和区域国家布局，评估了中非在基础设施、经贸合作区与制造业、能源矿业以及农业领域合作的成效，存在的困难与挑战，展望了后疫情时代中非产能合作的前景，并多视角的提出了针对性的对策建议。其二，5个国别报告分别对各自国家与中国进行产能合作的潜力与现实基础进行了的分析，评估出承接中国产能转移的能力和未来可重点发展的优势产业、行业，梳理了5个非洲国家在招商引资等方面的政策举措，包括劳资关系、移民政策、投融资与环保政策新动向；其三，概述了中国企业在当地进行产能合作（基础设施、经贸合作区等）的总体情况，重点考察了中国与上述非洲国家产能合作重大项目进展情况，特别是加强了对中非产能合作实施模式方面的研究，评估了社会经济效果、风险及挑战，其四，着眼于推动中非产能合作高质量发展，在规划设计、国内政策配套、基础设施建设、资金支持、人力资源培训、风险防控和安全保障等方面提出了针对性的对策建议。其五，针对国内中非产能合作研究中普遍存在偏重宏观层面、欠缺国别层面与微观层面的剖析这一问题，5个国别报告的完成将国内非洲区域国别问题研究推向深入。总之，项目系列成果的发表将为相关领域的学术研究奠定基础，为国家战略选择和政策制定提供理论依据，为中国企业向非洲投资和产业转移提供参考。

然而，由于研究力量有限，项目组成员学科背景、学术志趣、学术积淀以及跟踪研究时间长短不一，加之重视程度、治学态度、投入书稿的时间与精力不同，研究报告存在这样或那样的问题，错误与纰漏亦在所难免，希望出版后学界同仁和广大读者不吝赐教，以便研究团队在今后的研究工作中加以改进。

中国社会科学院西亚非洲研究所
创新项目《中国与非洲产能合作重点国家研究》
首席研究员：姚桂梅
2022年1月

摘要： 肯尼亚是支撑非洲经济发展的重要引擎之一，也是中国传统友好合作伙伴以及中非共建"一带一路"的重要参与者和推动者。肯尼亚政治发展长期保持总体稳定，经济发展成就较为突出，地理位置优越，不仅长期以东非共同体第一大经济体的身份引领东非区域一体化的发展，而且成为世界主要经济体对非合作的桥头堡和先行区之一。自2008年制定"2030愿景"以来，肯尼亚大力实施通过国际合作的方式加速本国现代化建设的战略，通过修改和完善《投资法》等法律制度，大规模进行经济特区、出口加工区建设，出台优先支持发展交通设施和制造业的政策等方式，加大对海外投资、技术、人才、装备的引进力度，力图在加速实现肯尼亚产业升级的同时，构建辐射东南部非洲共同市场的经济高地。特别是在肯雅塔总统"四大"工程的带动下，肯尼亚近十年来加速国际产能合作的步伐，上马了一大批有效拉动内需、改善居民福祉的项目，初步奠定了肯尼亚在落实非洲联盟《2063议程》行动中的优势地位。作为肯尼亚的第一大经贸合作伙伴和长期政治互信的伙伴，中国将肯尼亚列为中非产能合作的先行先试示范国，推动"一带一路"倡议引领下的"三网一化"建设主动对接"2030愿景"，以投建营一体化模式为中心，积极探索多元化的合作模式，为肯尼亚的现代化建设提供包括融资、全产业链化落地、人力资源培训、装备本土化生产在内的有力支持，使中肯产能合作成为彰显新时代中肯合作成就的代表性领域。在中肯产能合作的强劲发展下，以蒙内—内马铁路、A2国际公路、蒙巴萨武夷工业园为代表的项目相继落成，为当地居民带去来自中国的成熟技术、优质产品、先进理念、大量就业机会的同时，也持续刷新中肯、中非合作的高度。但在充分肯定中肯产能合作成就的同时，还要看到肯尼亚债务负担不断上升、国内政治力量角力、美西方与中国竞争等因素，也给中肯产能合作的未来发展带来一定的不确定性。特别是在新冠肺炎疫情的冲击下，肯尼亚遭受了严峻的经济发展问题，中肯关系中的产能合作也成为消极影响首先波及的领域之一。中肯产能合作本质上仍然是中肯关系、中非关系的有机组成部分，因此应在构建更加紧密的中非命运共同体的视野下，积极从缓解债务负担、调整产能合作结构、加强双方直接人文交流等多个方面入手，探索优化中肯产能合作的新途径、新理念，为中肯友谊的行稳致远，提供强有力的支持。

关键词：肯尼亚；产能合作；蒙内铁路；中非关系；命运共同体

Abstract: Kenya is not only one of dynamic engines driving African economic development, but also China's traditional African partner and an active participant of China-Africa cooperation on the Belt and Road Initiative (BRI). With long-time overall political stability, outstanding economic development and superior geographical location, Kenya enjoys the privilege of bridgehead of international cooperation of the entire sub-region of East Africa. Since the debut of Vision 2030 in 2008, Kenya has vigorously implemented the strategy of accelerating its modernization through international cooperation, attracted investment, technology, talents and equipment cooperation and support from international partners by revising and improving the legal system such as the investment law, and unveiling special economic zones and export processing zones, and issuing policies to give priority to the development of transportation facilities and manufacturing industry, in order to further consolidate its comparative advantage of business, production and transportation hub in the common market of East and Southern African countries. Especially driven by "Big 4" Project proposed by President Uhuru Kenyatta, Kenya has further highlighted significance of international production capacity cooperation in the past decade, and launched a large number of projects which effectively stimulate domestic demand and improve the well-being of residents, and positively contributed to the implementation of the African Union's Agenda 2063. As Kenya's largest trade partner and friend of mutual political trust, China has listed Kenya as one of the demonstration countries of its "three networks and industrialization" strategy regarding Africa under the BRI, and spared no efforts to explore new mode, opportunities, field of cooperation to support the effective implementation of Kenya's Vision 2030. Thanks to the booming development of China-Kenya production capacity cooperation, a variety of new projects represented by Mombasa-Nairobi-Naivasha standard gauge railway, A2 international highway, and Wuyi Industrial Park have supported Kenya to make breakthrough on technological, fund, talent frustration, and provided abundant job opportunities to local inhabitants. Meanwhile, new ideas, notions carried by these projects also highlighted significance of China's experience and wisdom for Kenya's approach towards modernization. However, it is still needed to note that alongside the splendid achievements, challenges ahead should not be neglected due to diversified reasons of domestic political rivalries in Kenya, geopolitical contests among big powers, and the impact of

COVID-19 pandemic. In the light of this, as a inseparable component of China-Kenya relations, cooperation of both sides on industries should be further improved under the overall architecture of building a stronger China-Africa community with a shared future.

Key Words: Kenya; Production Capacity Cooperation; Mombasa-Nairobi SGR, China-Africa Relations; Community with a Shared Future

目　录

一　肯尼亚的国家概况……………………………………（1）
（一）肯尼亚的历史与现状 ……………………………（1）
（二）肯尼亚的自然条件 ………………………………（7）
1. 气候与地形条件 …………………………………（7）
2. 自然资源 …………………………………………（8）
（三）肯尼亚的社会经济条件 …………………………（13）
1. 人口与民族 ………………………………………（13）
2. 行政区划 …………………………………………（15）
（四）肯尼亚的政治发展 ………………………………（16）
1. 政治制度 …………………………………………（16）
2. 主要政党 …………………………………………（20）
3. 对外关系 …………………………………………（22）

二　肯尼亚承接国际产能合作的基础与优势 ……………（36）
（一）肯尼亚具备较为坚实的经济发展基础 ……（36）

1. 经济发展概述 …………………………… (37)
  2. 不同产业的发展情况 …………………… (44)
  3. 货币与金融 ……………………………… (48)
 (二)肯尼亚对外经济合作发展稳健 ………………… (50)
  1. 对外经贸合作 …………………………… (50)
  2. 中肯经贸合作的发展情况 ……………… (56)
 (三)肯尼亚涉及国际产能合作的部门与
    制度 ……………………………………………… (59)
  1. 主管部门 ………………………………… (59)
  2. 法律制度体系 …………………………… (60)
  3. 海关特殊监管区域 ……………………… (63)

三 中肯产能合作的典型案例 ………………………… (67)
 (一)蒙内铁路:投建营一体化助力肯尼亚
    建设 ……………………………………………… (67)
  1. 全方位深化的中肯合作 ………………… (68)
  2. 蒙内铁路建成的重要意义 ……………… (80)
 (二)中国武夷:深耕肯尼亚建筑市场 ……………… (103)
  1. 公路建设 ………………………………… (103)
  2. 建筑材料的研发与销售 ………………… (107)
 (三)特福陶瓷:实现中国优势产能的肯尼亚
    本土化 …………………………………………… (111)
  1. 推动中国优势产能落地肯尼亚 ………… (112)

  2. 树立中国企业的良好形象 …………（116）

四　中肯产能合作面临的问题及相应的应对建议 …………（119）

（一）中肯产能合作面临的挑战 …………（119）
  1. 经济发展脆弱 …………（119）
  2. 安全形势严峻 …………（122）
  3. 大国博弈的影响 …………（124）
  4. 消极社会舆论的掣肘 …………（125）

（二）相关建议 …………（127）
  1. 持续夯实中肯政治互信 …………（127）
  2. 加强中肯人文交流 …………（129）
  3. 积极应对债务风险 …………（131）

主要参考文献 …………（133）

一 肯尼亚的国家概况

肯尼亚地处东部非洲的印度洋沿岸，是非洲历史悠久的文明起源地与当代东非次区域重要的经济增长与一体化发展引擎，在中国对非合作中占据十分重要的地位。

（一）肯尼亚的历史与现状

肯尼亚的国名全称为肯尼亚共和国（Republic of Kenya），国土面积为58.3万平方公里，全国的国土大体横跨赤道两侧，从西部的维多利亚湖沿岸，一直延伸到东部的印度洋岸边，全世界闻名的东非大裂谷以南北向纵贯国土中部。因此，从习惯意义上来讲，肯尼亚的国土一般分为四大部分，东部沿岸地区以蒙巴萨为中心的低地平原，中东部以内罗毕为中心的高原地区，中西部以纳库鲁为中心的裂谷地带，西部以基苏木为中心的大湖地区。肯尼亚东北方向与索马里相连，正北方向与埃塞俄比亚、南苏丹两国接壤，西部与乌干达为邻，南部与坦桑尼亚相连，东部濒临印度洋，海岸线全长536公里，拥有多个天然良港，是历史上西亚阿拉伯半岛与东非交往的重要交通枢纽。肯尼亚全境位于热带季风气候区，全年平均降水量较大。但是受到地形等因素的影响，绝大多数地区为热带草原气候特征，每个月的实际降水量差异较大，洪涝灾害与旱灾会交替出现。受降水因素的影响，肯尼亚全境只有约五分之一的土地为可耕地，适合发展粮食或经济作业的种植业，剩下的地区主要适合发展畜牧业等其他相关的产业。

肯尼亚是非洲的人类发祥地之一以及著名的文明孕育摇篮，境内曾出土约250万年前的人类头盖骨化石，是人类迄今为止发现的最早一批先民存在与生活的历史遗迹，这有效地佐证了非洲特别是东非地区是人类起源地的学术观点。公元7世纪前后，印度洋沿岸在与阿拉伯半岛的频繁交往中，逐步形成了由阿拉伯人建立的若干商业与殖民据点，尔后逐步发育成为东非印度洋海岸上重要的商业城市。在东非地区的文明发展史中，这些沿海商业城镇起着十分重要的作用，有效地沟通了大湖地区、裂谷地带等内陆地区与西亚以及印度洋航路的联系，在阿拉伯文明与非洲本土班图文明交相融合的基础上，孕育出灿烂的斯瓦希里文明。近代地理大发现开启之后，肯尼亚沿海地区逐步受到西方殖民者的入侵，其中葡萄牙殖民者在开辟从欧洲绕过好望角通往亚洲的航路时，于16世纪初逐步占领东非印度洋沿海的主要城镇，并在蒙巴萨等地建立起补给站与军事设施。1884年柏林会议之后，英国、德国殖民者开始大规模入侵东非，在当地掀起殖民主义瓜分狂潮。为防止德国势力在东非的扩张，1895年英国宣布在肯尼亚建立"东非保护地"，并且以此为据点不断向西部内陆扩张。在第一次世界大战中，肯尼亚居民被迫卷入了协约国对同盟国的作战，对德属东非（坦桑尼亚）的德国殖民统治者发动进攻。1920年，沿海地区的"东非保护国"与内陆地区的"乌干达保护国"被合并为英属肯尼亚殖民地，正式奠定了现代肯尼亚的雏形。第二次世界大战中，肯尼亚成为盟国在东非发动反法西斯战争最重要的据点，大批当地居民参与了解放意大利对埃塞俄比亚非法吞并的战争，为最终击溃轴心国作出了不可磨灭的贡献。

第二次世界大战之后，受全球民族解放思潮的影响，肯尼亚的民族意识开始逐步觉醒，要求实现民族自决的呼声不断增强。20世纪50年代，以吉库尤（Kikuyu）族居民为主要发起人和参与者的茅茅运动（Mau Mau）开始大规模席卷全国，运动参与者要求废除英国殖民者对土地的非法攫取，实现完全意义上的民族自决。茅茅运动虽然最终在英国殖民者的残酷镇压下失败了，但是它有效地推动了自由与解放意识在肯尼亚境内的快速传播，不仅沉重地打击了英国的殖民统治体系，而且促进了各个民族、阶层的团结与互助，为乔莫·肯雅塔（Jomo Kenyatta）领导的肯尼亚非洲民族联盟（Kenya African National Union，KANU）最终登上历史舞台，奠定了坚实的基础。经过肯尼亚人民的不懈斗争，英国殖民者同意在肯尼亚推动实现非殖民化。1963年5月肯尼亚举行大选，肯盟以压倒性优势获得胜利，并于同年6月1日成立自治政府，12月12日正式宣告摆脱英国殖民统治独立，但仍留在英联邦内。1964年12月12日，肯尼亚正式颁布第一部宪法，成立共和国，掀起了肯尼亚当代发展的历史大幕。

肯尼亚正式成立共和国之后，乔莫·肯雅塔出任首任总统，并于1969年和1974年获连任。为保证国家的统一与团结，1969年肯尼亚由多党制改行一党制，肯盟成为国家的唯一合法政党。1978年肯雅塔病逝之后，副总统丹尼尔·阿拉普·莫伊（Daniel Arap Moi）继任总统职务。1978—1992年，莫伊连续在肯盟内部的竞选中获胜，长期担任国家总统职务。20世纪90年代初，肯尼亚积极适应国际、国内形势变化，将一党制更改为多党制。1992年全国举行修宪以来的首次多党大选，肯盟获胜，莫伊继续担任总统。1997年12月第二次多党大选，肯盟再次胜出，莫伊连任总统。但在2002年12月举行的第三次多党大选中，反对党全国彩虹同盟（National Rainbow Coalition, NARC）一举击败肯盟赢得大选，姆瓦伊·齐贝吉（Mwai Kibaki）当选第三任总统。随着肯盟结束长达39年的执政历史，肯尼亚政治发展进入后肯盟的发展时代。2007年12月全国举行第四次多党大选，齐贝吉以微弱优势领先莱拉·阿莫洛·奥廷加（Raila Amolo Odinga），但由后者领导的橙色民主运动党（Orange Democratic Movement, ODM）认为齐贝吉操纵选委会作弊，拒不承认结果，在全国组织大规模游行示威并引发严重的暴力冲突，引发了肯尼亚现代发展历史上最为严重的一次政治危机。不断升级的暴力冲突不仅迅速席卷全国，而且迅速波及了乌干达、坦桑尼亚等邻近地区。在国际社会的积极斡旋下，冲突双方最终同意组建联合政府，以分权的形式化解政治危机。次年4月，奥廷加认可齐贝吉的总统地位，并出任政府总理，选举危机暂告结束。2010年，肯尼亚正式制定颁布新宪法，对选举、政党、行政区划等事务作出了全面的重新规定，力图防止族群政治对国家发展的干扰，避免2007年选举危机再次出现。

2013年3月,肯尼亚举行新宪法颁布以来的首次多党大选,也是该国改行多党制之后的第五次大选,国父乔莫·肯雅塔之子乌胡鲁·肯雅塔(Uhuru Kenyatta)领导的朱比利联盟(Jubilee Alliance)战胜奥廷加领导的民主改革联盟(Coalition of Reform and Democracy,CORD),肯雅塔当选第四任总统。奥廷加故伎重演,认为选举存在严重的舞弊行为,并且向最高法院申请撤销选举结果,重新举行大选。但经过法院的最后裁决,认定选举结果有效,奥廷加最终认可和接受选举结果。2013年4月,肯雅塔正式就任第四任总统,与其搭档参选的威廉·鲁托(William Ruto)担任副总统组织内阁。与此同时,经过行政区划调整后的47个郡的郡长也分别正式就任,新宪法框架下的肯尼亚政治体系正式得以建立。2017年8月,肯尼亚举行第六次多党选举,肯雅塔在朱比利联盟基础上改组的朱比利党(Jubilee Party)获得胜利,但奥廷加领导的全国超级联盟(National Super Alliance,NASA)拒不承认选举结果,称大选存在舞弊行为,再次要求肯尼亚最高法院予以审核并撤销选举结果。9月1日,最高法院宣布本轮选举结果无效,要求各个参选方于10月重新举行大选。在第二轮大选中,朱比利党与肯雅塔再度以压倒性优势获得胜利,成功与鲁托再度搭档担任总统与副总统。奥廷加表示接受选举结果,并承诺下次不再参选。自2018年起，为了防止国家政治走向碎片化，肯雅塔与奥廷加展开全面对话，双方签署"建桥协议"（Bridge Building Initiative，BBI），承诺开展全面对话，并就修改相关宪法内容，充分实现权力分配，组建团结政府等议题，达成协商一致的结果。肯雅塔与奥廷加已经按照协议内容展开多轮全国对话，但此举也引发长期与肯雅塔搭档参选的鲁托的不满。在"建桥协议"稳定推进的同时，朱比利党内部的分化趋势也愈发明显。新冠肺炎疫情的冲击，进一步加剧了现有政治力量的分化与重组。随着2022年新一届大选的临近，肯雅塔受宪法条款限制无法连任第三任期，因此后肯雅塔时代的政治力量发展变化仍然充满巨大变数，而2022年大选也可能因此成为新宪法颁布以来，肯尼亚各支政治力量博弈最为激烈的一次大选。

（二）肯尼亚的自然条件

1. 气候与地形条件

受印度洋季风影响，肯尼亚全境位于热带季风区，沿海地区温暖湿润，高原地区相对温和凉爽，裂谷地带和西部地区相对炎热干燥。每年的降水月份分布不均匀，主要降雨时间为3—6月和10—12月，较容易引发大面积的洪涝灾害，其余时间为典型的旱季，降水稀少，容易引发粮食危机。在地域分布上，降水同样表现出分布不均匀的现象，降水量由南方的1500毫米递减至北方内陆的200毫米。全国的最高气温为22—26℃，最低为10—14℃。年均温差相对较小，平坦湿润的地方适合发展小规模的种植业，高原等气候温和的地带适合发展鲜花种植、游牧等产业。

除了印度洋沿海为平原地带，肯尼亚境内其余大部分为平均海拔1500米的高原。东非大裂谷东支纵贯国土中部地区，将全国大体分为东部、西部两大地区。大裂谷谷底在高原以下450—1000米，宽度通常在50—100公里，其中分布着许多湖泊，较为著名的包括旅游胜地纳库鲁湖、奈瓦沙湖，周边分布着大量的动植物资源。除了湖泊，还有大量的活火山，目前绝大多数处于休眠状态。北部为沙漠和半沙漠地带，约占全国总面积的一半以上，其中东北部和索马里交界地区最为干旱和贫瘠。位于中部高地的肯尼亚山海拔5199米，山顶终年积雪，为非洲仅次于乞力马扎罗山的第二高峰以及肯尼亚境内的最高山峰，同时也是肯尼亚国名的由来。

2. 自然资源

在驱动肯尼亚经济社会发展的动力之中，最为显著的是各类自然风光的旅游资源。自殖民时代开始，肯尼亚就凭借温和的气候、多样化的民族风情、壮丽的山河、丰富的动植物资源，成为英国乃至整个西方世界最为向往的非洲旅游目的地。独立建国以来，肯尼亚充分发挥旅游资源丰富的优势，对各类自然风光予以有效保护和配套性开发，让自然风光一直成为吸引游客前往当地的有力磁石。无论是蒙巴萨的印度洋海滨风光，还是肯尼亚山作为赤道雪山的神奇风貌，或者是纳库鲁的动植物资源，以及马赛马拉的动物大迁徙，甚至是奇特的东非大裂谷，都让肯尼亚成为目前东非乃至整个非洲大陆上最具吸引力的旅游目的地之一。每年都有大批来自世界各地的游客前往肯尼亚，一睹这个东非大国的神奇风采，领略传统与现代交织的非洲。特别是当每年夏季动物大迁徙时节，肯尼亚更是成为非洲炙手可热的旅游目的地，往往出现一票难求的现象。

除旅游资源之外，肯尼亚还具有丰富的矿藏，地下埋藏的主要矿物包括纯碱、盐、萤石、石灰石、重晶石、金、银、铜、铝、锌、铌和钍等，其中最为著名的当属东南部塔莫塔（Tamota）附近的重晶石，姆里马山（Mlima）的铌和西南部卡卡梅加（Kakamega）、马卡尔杰（Makarji）的金。吉尔吉尔（Jirjir）是世界最大的硅藻土矿之一，马加迪湖（Magadi）中有丰富的天然碱和盐。但由于肯尼亚至今仍然缺少健全的工业体系，因此对各类矿物资源精确勘测和实际开发的能力相对较弱。目前，除了纯碱和萤石等极少数矿物资源得到开发，绝大多数矿藏都未得到有效的开发。近年来，为了有效推动"2030愿景"①的实际执行，肯尼亚不断加大与外方特别是国际跨国公司的国际产能合作力度，加大对自然资源的勘探与开采力度，谋求进一步挖掘矿物资源的出口对经济增长的驱动。在"2030愿景"第一个五年中期行动计划期间，英国、加拿大和澳大利亚等国的跨国企业在肯尼亚投资矿物勘探与开采的力度呈现出明显的上升态势，西部和东部地区新发现若干个已探明的金矿、煤矿、稀土和钛矿等具备商业开采价值的矿藏。澳大利亚贝斯矿业公司（Base Resources）在夸莱郡（Kwale County）开发的钛铁矿已经正式投产，开启了肯尼亚大规模向海外出口高品质钛铁矿的历史。同时，英国图洛公司（Tullow Oil）在西北部图尔卡纳郡（Turkana County）的洛基查盆地发现石油资源，根据初步的探测统计，石油的储藏量可从最初预估的6亿桶增加至现在的7.5亿桶；东北部的曼德拉盆地也发现了石油，一旦油气资源实现大规模开发，可有效改变当地长年缺乏支柱产业的不利发展局面。此外，英国燃气公司（British

---

① 2007年肯尼亚政府制定了《2030年远景规划》，本书简称"2030愿景"。

Gas）在拉穆海上区块也发现了具备开采价值的石油和天然气资源。

但由于受到2016年以来国际大宗产品价格波动的影响，特别是原油价格持续不稳定的困扰，肯尼亚目前对矿产资源的开发仍然优先聚焦于有色金属资源的开发和利用，对石油和天然气资源的开发工作，特别是对新勘测的油气资源的开发工作，开展得相对迟缓。根据"2030愿景"制定的第二个五年中期计划的相关部署，包括海上油气资源在内的新勘探油气资源的商业开发，将全部推迟到2022年之后再予以执行，其余的现有油气资源开发将在五年内维持既有的规模，原油的对外出口量也将维持总体稳定。2017年，肯尼亚政府曾启动早期石油收获计划，通过公路槽罐车的运输方式，每天向拉穆、蒙巴萨等港口运送2000桶原油。但由于内罗毕至蒙巴萨的A109国道严重拥堵，以及拉穆运输走廊建设滞后，该计划的实际执行被推迟。今后，随着蒙内铁路及其配套设施等一系列全新基础工程竣工，运输的矛盾在一定程度上能得到有效缓解，将为日后大规模的油气资源外运出口提供充足的运能。但在2020年新冠肺炎疫情的冲击下，国际油价不稳定的因素叠加世界经济滑坡的影响，对肯尼亚全国的自然资源开发与出口产生较大的冲击，第二个五年计划所设定的相应目标恐将推后实现。

肯尼亚全国的森林面积达到8.7万平方公里，占全部国土总面积的15%，林木资源的储量达到9.5亿吨。尽管资源丰富，但在环保理念的支撑下，肯尼亚对林木资源目前仍然采取限制性开发的政策。根据2012年修订的《木材法令》相关规定，只有拿到许可证的个人或者公司，才能对法令严格规定的极少数类别的林木予以开采和出口[①]。肯尼亚地热、太阳能、风能等清洁能源储量丰富，大裂谷地带蕴藏的地热资源可发电7000—10000兆瓦。根据《全国清洁能源规划》，肯尼亚将在工业化和现代化进程中，大力推动使用清洁能源生产电力，逐步降低化石燃料的占比。截至2020年，肯尼亚地热发电装机容量共计798.7兆瓦，已占全国发电总量的50%。2019年7月，作为非洲当前装机容量最大的风电站，位于北部与埃塞俄比亚交界的图尔卡纳湖风电站正式并网发电。该电站由中国电力建设集团承建，将新增装机容量310兆瓦，为肯尼亚新增13%的电力供应，并网后有效地缓解北部以及首都内罗毕的用电紧张需求。此外，针对全境光照充足的特点，光伏发电也是肯尼亚重点实现资源开发的着力点。位于东北部加里萨郡（Garisa County）的光伏发电项目，为目前肯尼亚规模最大的同类发电

---

① 参见肯尼亚《木材法令》（Timber Act Chapter 386），http://kenyalaw.org/kl/fileadmin/pdfdownloads/RepealedStatutes/TimberActCap386.pdf.

项目，由江西国际经济技术合作有限公司承建，总装机容量50兆瓦，2019年12月正式并网发电，不仅为肯尼亚东北部地区的电力供给提供了充足的支持，而且也有效地支持了东北部地区的扶贫开发。

（三）肯尼亚的社会经济条件

1. 人口与民族

根据2019年肯尼亚发布的官方统计数据，全国当年总人口约4756万人，人口主要分布在广大乡村地区，但在城市化的带动下，农村人口进入城市的速度在不断加快。目前全国人口较多的主要城市包括首都内罗毕，总人口约440万人；基安布人口约242万人、纳库鲁人口约216万人、卡卡梅加人口187万人、奔戈马人口约167万人。行政区划改革后，最大的港口及第二大城市蒙巴萨市区人口为70万人左右，如果算上临近的郊区和其他郡县，总人口也可达到150万人。

在全国近5000万的总人口之中，共包括44个大小不同的民族，其中主要的民族包括基库尤族，约占总人口的17%；卢希亚族，约占总人口的14%；卡伦金族，约占总人口的11%；卢奥族，约占总人口的10%；康巴族，约占总人口的10%，等等。行政区划调整之前，上述各个民族的聚居区基本对应一个行政区，分别是中部、东部、西部、裂谷地带最大的民族。此外，主要生活在东北部地区的索马里族近年来人口快速增长，并且不断向南部的城镇迁移，未来十年内在总人数上有望超过基库尤、卡伦金、卢希亚之外的其他民族，成为全国第四大民族。除了本土民族，由于阿拉伯人的历史影响以及英国长期实施殖民统治，在内罗毕、蒙巴萨等大城市的中心区域，特别是老城区仍然居住着一定数量的阿拉伯人、印度—巴基斯坦人和英国白人的后裔。2017 年 7 月，肯雅塔总统正式签署法令，将印度裔列为肯尼亚第 44 个民族。东非一体化的快速发展也让内罗毕、基苏木、蒙巴萨等中心城市近年来不断聚集来自坦桑尼亚、乌干达、南苏丹、卢旺达等其他东非国家的商人、学生。与此同时，在中国与肯尼亚国际产能合作的带动下，特别是随着一系列大型项目的落地与开工，诸如蒙内铁路、内马铁路等工程，中国居民在肯尼亚境内的数量持续增加，常驻的人口目前已经突破 3 万人，主要集中在内罗毕、蒙巴萨、奈瓦沙等城市。随着肯尼亚航空、中国南方航空开通广州直飞内罗毕的航班，中国人赴肯尼亚经商、旅游、工作便有了更为便捷的通道，有力地促进了中国居民人数在肯尼亚的继续增长。

肯尼亚的官方语言为英语，但同时全国居民通用斯瓦希里语，内罗毕附近中部地区的居民同时广泛使用基库尤语。全国人口中的绝大多数居民信仰基督教，其中45%信仰基督新教，尤其是英国的圣公会，其余为天主教信众。穆斯林居民主要居住在印度洋沿岸以及东北部靠近索马里的各个郡县，主要为索马里族等民族，约占全国总人口的10%。其他主要的宗教信仰还包括非洲本土的原始宗教、印度教，等等。

2. 行政区划

肯尼亚原有的行政区划形成于英国殖民统治时期，是按照殖民者对各个民族的分布区域实行的地域划分。肯尼亚独立之后，基本沿袭原有的行政区划划分，其中一级行政区被称作省和直辖市。根据原有宪法的规定，全国共划分为8个一级行政单位，其中7个省和1个直辖市，分别为中央省、滨海省、东部省、内罗毕直辖市、东北省、尼安萨省、裂谷省、西部省。由于民族和行政区存在一一对应关系，因此每个省基本就是民族聚居区的代名词，比如中央省、内罗毕直辖市为基库尤族的聚居区，裂谷省为卡伦金族的分布地。

由于民族分布与行政区划存在绑定关系，多党制后的肯尼亚形成了稳定且错综复杂的地域—族群政治关系网络，直接导致了2007年大选骚乱的爆发。为了彻底打破这一关系纽带，根据2010年颁布的新宪法的规定，全国重新进行行政区划的划分，将原来的8个一级行政区拆分为47个一级行政区。新的一级行政区的名称改称郡，每个郡将在地方治理方面享受更大的自治权。新的行政区划划分在有效拆散原有固化的地域—政治联系的同时，尽可能地实现中央集权体制下对地方政府的最大限度的赋权，让每个郡在参与国家政治生活和推动地方经济社会发展进程中，发挥更大的作用。

（四）肯尼亚的政治发展

1. 政治制度

肯尼亚实行总统内阁制，总统为国家元首、政府首脑兼武装部队总司令，由每5年一次的直接普选产生，每届任期5年，可以连任一次，但任职不得超过两届。2017年11月28日，乌胡鲁·肯雅塔宣誓就职，成功连任。内阁由总统和总统任命的副总统、各部部长以及总检察长组成。本届内阁成立于2018年2月，肯尼亚总统于2020年1月改组内阁。改组后的内阁包括总统、副总统、各部部长共24名成员。

肯尼亚第一部共和国宪法制定于1964年独立之初，至2010年被废止，共经历了数十次大小不等的修改，主要内容是对国家的权力分配方式予以与时俱进的修改。1982年6月，肯尼亚通过修宪确立实行一党制，将肯盟从事实上的一党执政体制，变成了法理下的一党执政。1991年12月，宪法修正案规定全国废除一党制，改行多党制，国家建设的总体方向是建设多党民主国家。同时，宪法对选举和总统的相关事宜进行了明确的定义，规定总统为国家元首、政府首脑兼国防军总司令，任期5年，连任不得超过两届；总统拥有最高行政权和任免权，有权召集或解散议会；总统和内阁集体对议会负责；公民享有宗教信仰、言论、集会、结社和迁徙的自由。总统由参选政党的候选人按照简单多数的原则获胜当选。1997年，肯尼亚反对党以宪法不适应多党制要求，给执政党肯盟赋予了不利于公平竞争的优势地位为理由，要求进一步全面修改宪法。是年，肯尼亚正式成立修宪委员会，研讨修改宪法相关条款的事宜。2007年大选骚乱之后，全国各界普遍认为修宪已经无法满足国家现实的政治发展需求，要求重新制定一部新宪法的呼声不断高涨。2010年4月，肯尼亚新宪法草案获议会批准，8月通过全民公投并正式颁布实施。新宪法主要为了压缩族群政治的生存空间，为维护政治经济社会的健康发展，而对相应的条款作出了全新的规定，主要包括：维持总统制政体，不再设总理职位，但总统权力受削弱；

议会改为两院制，在原有国民议会的基础上，增设参议院；行政区划由中央、省、地区、分区、乡、村六级改为中央和郡两级；8个省级行政区划更改为47个郡，郡成为一级行政区划单位；政党的组建必须满足一定的人数要求，而且必须在地域（郡）上拥有较为广泛的代表性；当选总统在得票上必须具有广泛的地域（郡）代表性；等等。

根据宪法的规定，议会是肯尼亚最高立法机构，成立于1963年，当时为两院制议会，分为众议院和参议院。1966年修宪后，两院合并为一院制议会，改称国民议会。2010年新宪法颁布后，增设参议会，形成由国民议会和参议院构成的两院制议会，每届议会的任期为五年。本届议会为肯尼亚独立以来的第12届议会，也是2010年新宪法颁布后选举产生的第二届议会。本届国民议会由议长和349名议员组成，其中包括290名民选议员（代表全国290个选区）、12名政党指定议员（按各政党在国民议会席位比例分配）、47名民选妇女代表（代表全国47个郡）。议长和副议长由各党分别从本党非议员党员和议员中提名，由全体国民议会议员选举产生。现任国民议会议长是贾斯汀·穆图里（Justin Muturi）。国民议会主要职能包括：立法、决定国家税收分配、监督政府和国家财政支出、批准战争、延长国家紧急状态、弹劾总统和副总统、批准重要人事任命等。国民议会下设32个专门委员会,承担对本机构负责的具体事务的研究和建议职能。本届参议院由参议长和67名参议员组成,其中包括47名民选参议员(代表全国47个郡)、16名政党指定的妇女代表(按各政党在参议院议席比例分配)、2名青年代表(参议院最大两党各1人)、2名残疾人代表(参议院最大两党各1人)。参议长和副参议长由各党分别从本党非议员和议员中提名,由全体参议员选举产生。现任参议长为肯·卢萨卡(Ken Lusaka)。参议院主要职能包括:参与同各郡相关的立法、税收分配、财政支出、放权以及参与弹劾总统和副总统等。参议院下设20个专门委员会,承担本机构负责的相应职能。

根据2010年新宪法的规定,肯尼亚的法院体系按照重新调整的行政区划,被重新整合为两个层级的法院体系,即负责国家整体事务的高级法院,以及负责各郡事务的基层法院,各级法院的法官由选举产生,任期五年。其中,高级法院又可以进一步被划分为三个层级,从下至上分别是高等法院、上诉法院、最高法院,同时议会还设立与高等法院相同级别的负责劳资、土地和环境等纠纷的特别法院,专门由特别法院负责的案件高等法院无管辖权。各郡的基层法院级别相同,从功能划分上来看,可以分为各地区的治安法院、伊斯兰地区的卡迪氏法院、军事法院和议会设立的其他法院。任何对基层法院的判决表示不服的公民或单位，可以逐级向上级法院上诉，直至上诉到最高法院。最高法院的判决享有终审权和最终的法律效力[1]。在任的最高法院首席大法官为玛莎·卡拉姆布·库梅（Martha Karambu Koome），2021年7月当选任职，也是肯尼亚历史上首位担任此职务的女性。在穆斯林聚居区，伊斯兰法院的判决同样有效，目前，伊斯兰法院主要设立在原滨海省、东北省的各个相关郡中，为当地司法体系的重要组成部分。

2. 主要政党

根据2010年新宪法的规定，肯尼亚原先带有族群或者地域特色的政党必须解散或者改革，成为在民族和地域上拥有广泛代表性的新政党，根据相关规定，政改之后的肯尼亚目前拥有50个左右的政党，参加选举的方式主要是通过不同政党之间组成联盟，尔后在联盟内部分配获胜的权益。

朱比利党目前为肯尼亚执政党、议会中第一大党。朱比利党的前身是肯雅塔、鲁托两人牵头成立的朱比利联盟，总共有12支政党参加，赢得了新宪法之后的2012年大选。为更好推动内部组织建设，2016年9

---

[1] 有关宪法规定的相关内容，参见肯尼亚《2010年宪法》，https：//www.museums.or.ke/wp-content/uploads/2020/04/ConstitutionofKenya-2010.pdf.

月，朱比利联盟的12支政党合并组建统一的朱比利党，肯雅塔、鲁托分别任党内的正副领导职务。2017年，朱比利党在两度举行的投票大选中击败竞争对手，成功赢得选举。目前，朱比利党除掌控总统、总理、政府内阁要员职务之外，还在参议院和众议院中分别占34席和171席，主要代表吉库尤族、卡伦金族以及与两者具有良好关系的其他民族的利益。此外，全党在全国各地拥有众多党员，党员总人数超过10万，许多郡的郡长以及议会议长拥有党员身份。目前，朱比利党为肯尼亚政党中最为强大的政治力量，亦是继续赢得2022年大选最有潜力的政党。

全国超级联盟目前为肯尼亚最大的反对党联盟，亦是2017年大选中朱比利党最大的竞争对手。联盟成立于2017年大选举行之前，主体为奥廷加在2012年大选前发起成立的橙色民主运动，后加入革新民主运动党（Wiper Democratic Movement）、论坛肯尼亚党（Ford-Kenya）、和平联盟（Amani Coalition）等政党，前总理奥廷加和前副总统穆西约卡分别为该联盟正副领袖，主要代表卢奥族、康巴族、滨海地带穆斯林等若干个族群的利益。目前，该联盟在参议院和众议院中分别占27席和127席，是2022年大选强有力的竞选参与者。根据"建桥协议"的规定，该联盟领导人正在与执政党朱比利党进行对话，是推动政治改革的重要参与者。

3. 对外关系

（1）中国

中国与肯尼亚长期保持着友好的合作关系。明代郑和下西洋时就曾到过肯尼亚的滨海城市蒙巴萨和马林迪，至今在印度洋沿岸还生活着郑和时期中国船员的后代。中国一贯支持肯尼亚人民争取独立和民族解放的斗争，两国于1963年12月14日建交，1964年签订经济技术合作协定，是非洲最早与中华人民共和国建交并建立合作关系的国家之一。肯尼亚政府一贯坚持"一个中国"的立场，在新疆、西藏、香港、南海等问题上，支持中国捍卫主权和领土完整。

进入21世纪以来，肯尼亚提出了以发展对华关系为主要内容的"向东看"政策，高度评价中国经援和独立自主的和平外交政策，赞赏中国的发展道路和现代化建设成就，希望在中非合作论坛框架下强化中肯关系，借鉴中国的成功经验、加强对华经贸往来和吸引更多的中国投资。2006年年底，齐贝吉总统赴华参加中非合作论坛北京峰会回国后，指示政府将发展对华关系作为外交重点，政府各部成立了常秘级的对华关系磋商机制，外交部还专门成立了中国司。2008年4月肯尼亚联合政府成立后，中肯双边关系继续稳步发展。齐贝吉总统2010年4月底5月初访华并出席上海世博会开幕式，奥廷加总理2012年出席中非合作论坛第五届部长级会议。肯雅塔总统就任后，中肯关系发展进入快车道。2013年习近平主席提出"一带一路"倡议之后，肯尼亚积极响应，大力推动本国的"2030愿景"全面对接"一带一路"倡议，并与中国签署《共建"一带一路"倡议的谅解备忘录》，是非洲最早全面对接中国发展愿景的国家之一。2013年8月，肯雅塔总统访华，会见习近平主席，双方签署了多项双边协议。2014年5月，李克强总理访肯，会见肯雅塔总统及鲁托副总统，双方签署了17项双边协议，涉及基础设施、农业、航空、医疗卫生和环境保护等多个领域。2015年12月，习近平主席与参加中非合作论坛南非约翰内斯堡峰会的肯雅塔总统举行了双边会谈。2016年3月，全国人大常委会委员长张德江访肯。2017年5月，肯雅塔总统受邀赴华参加"一带一路"国际合作高峰论坛，双边经贸合作往来进一步密切。2017年5月31日，中国国家主席习近平特使、国务委员王勇在肯尼亚蒙巴萨出席蒙内铁路通车仪式。2017年10月，习近平主席特使、全国政协副主席王家瑞出席肯雅塔总统连任的就职仪式。2018年6月，中国政协主席汪洋访肯。2018年9月，肯雅塔总统出席中非合作论坛北京峰会。2018年11月，肯雅塔总统出席首届中国国际进口博览会。2019年4月，肯雅塔总统出席第二届"一带一路"国际合作高峰论坛。2019年9月，习近平主席特别代表、中共中央政治局委员、中央外事工作委员会办公室主任杨洁篪在内罗毕会见肯尼亚总统肯雅塔。2019年12月，国务委员王勇访问肯尼亚，并作为习近平主席特使出席内马铁路一期通车仪式。新冠肺炎疫情暴发后，中国医疗人员在第一时间向肯尼亚分享了新冠肺炎病毒的基因序列与相应的治疗方案，有力地支持了肯尼亚的抗疫工作。2020年6月，习近平主席与肯雅塔总统共同出席在线上举行的中非团结抗疫特别峰会，代表中非双方共同表达秉持多边主义，携手抗击疫情的共同愿望。当前，中肯关系已经成为引领中非关系高质量发展，构建更加紧密的中非命运共同体的成功典范。

（2）美国

自独立以来，对美关系是肯尼亚最重要的双边对外关系之一，美国同时重视肯尼亚在东非、大湖地区、非洲之角等次区域发挥的作用和战略地位。冷战高峰时期，美国把肯尼亚视作在非洲实行自由市场经济和坚持其所谓的民主价值观的典范，是遏制社会主义从埃塞俄比亚、坦桑尼亚等国向东非其他国家蔓延的桥头堡。20世纪80年代以来，受国际形势变化影响，美国要求肯尼亚和肯盟接受多党制的诉求愈发明显，导致两国政治关系紧张。1998年美国驻肯尼亚使馆遭受恐怖袭击，两国的反恐安全合作开始逐步加强。

进入21世纪以来，肯尼亚视美国为最重要的援助国之一，美国视肯尼亚为反恐盟友，双方互有需要，双边关系稳步提升。2007年年底肯尼亚陷入大选危机，美国积极介入，国务卿赖斯、助理国务卿弗雷泽先后访肯，斡旋调解，并提供大量重建经援，加大对总理府的支持力度。2008年3月，美国民众为肯尼亚人道主义危机捐款2500万美元。同年6月，总理奥廷加访美，美国宣布再向肯尼亚提供9000万美元援助。2009年8月、2012年8月，美国务卿希拉里·克林顿两次访肯。在美国推动的针对索马里青年党的打击活动中，肯尼亚扮演重要角色，配合非洲联盟在索马里的维和行动，数次出兵索马里南部打击极端势力。肯雅塔总统当选前后，美肯关系发生戏剧性变化。由于国际法院指责肯雅塔支持基库尤族极端主义势力在2007年大选骚乱中对其他竞争对手民族采取"种族清洗"，并犯有"反人类罪"，美国警告肯尼亚切勿选举出"嫌犯"作为总统，否则将自行承担严重的后果。但肯雅塔当选之后，美国立刻表示祝贺，并传达了希望继续强化美肯关系的强烈愿望，支持肯尼亚全面落实"2030愿景"。2014年，肯雅塔总统应邀出席华盛顿美非峰会，并与美国达成多项合作协议。2015年7月，奥巴马成为首位在任访问肯尼亚的美国总统，出席在内罗毕举行的全球企业家峰会，并推动美肯双方在反恐、能源开发等方面签署多个合作备忘录，进一步夯实了安全、经贸两大合作支柱。在肯雅塔以及朱比利党谋求连任的问题上，美国总体上持支持态度。2018年8月，连任成功后的肯雅塔首度访美与特朗普总统举行会谈，谋求美国在全球战略收缩的背景下，不断巩固美肯合作的基础和成果。2019年5月，肯尼亚外长朱马和美非洲事务助理国务卿纳吉共同主持肯美首次双边战略对话。2020年2月，肯雅塔总统再次访美，与特朗普总统商议在《非洲增长与机遇法案》（AGOA）于2025年到期之后，再签署全新的贸易协定的可能性，维持肯尼亚在美国对非经贸关系中的优势地位。2020年年底拜登当选为美国新一届总统后，肯雅塔总统也成为非洲各国中最早表示祝贺的国家元首之一，希望美肯关系能够继续成为美非关系中的亮点和驱动力。2021年4月，美国国务卿布林肯在线上"虚拟访问"肯尼亚，并与肯雅塔总统和外长奥马莫举行会谈，重申两国的战略伙伴关系，讨论未来促进民主和扩大贸易的合作，并探索应对气候变化和全球挑战的途径。在未来可预见的时期内，肯尼亚依然将是美国涉足东非地缘政治的重要跳板和推动美非关系发展的重要支点之一。

（3）欧盟

欧盟是肯尼亚独立后在发展方面最重要的合作伙

伴之一。其前殖民宗主国英国作为欧盟（欧共体）成员国时，对于推动肯尼亚与欧洲关系的发展，起到重要的桥梁作用。肯尼亚与欧盟间的经贸合作，主要集中于肯尼亚作为非洲国家所享有的《洛美协议》以及《科托努协定》所给予的向欧洲出口商品的最惠国待遇。在此政策的加持下，肯尼亚国内近1/3的商品出口欧洲，特别是花卉、咖啡等特色农产品，主要运往欧洲的中高端消费市场。至新冠肺炎疫情暴发前的2019年，肯尼亚对欧盟国家出口1334亿肯先令，进口2354亿肯先令。2014年10月，东共体与欧盟正式签署《经济伙伴协定》，确定包括肯尼亚的东共体成员的产品将继续享受欧盟提供的免关税与配额的自由市场准入待遇。但由于东共体成员之间的分歧较大，特别是肯尼亚与坦桑尼亚两国的利益难以协调，目前该协定仍然没有生效，因此肯尼亚正在探讨与欧盟单独签约的可能性。欧盟国家公民也是赴肯尼亚旅游和消费的主力军，2019年欧洲抵达肯尼亚的游客高达51.9万人次。除给予肯尼亚以出口最惠国待遇之外，欧盟主要通过发展援助等，支持肯尼亚的现代化建设，重点发力良政、减贫、公共服务、能力建设等方面。2007年12月欧非峰会期间，肯尼亚与欧盟签订《2008—2013年国家战略文件及行动计划》，确定在此期间内，欧盟将进一步加大对肯尼亚的发展支持，总计对肯援助额高达3.83亿欧元。2014年4月，欧盟提出"泛非计划"（2014—2020年），旨在促进非洲基础设施、农业和信息技术等行业的发展，总投资8.45亿欧元。第一阶段的行动计划涉及的项目包括农业、环保、高教、政府治理、基础设施、移民、信息和通信技术以及研发创新等。根据该计划的部署安排，欧盟同期将援助肯尼亚的资金总额提高到4.5亿欧元，主要投向农业现代化、基础设施升级改造等方面。

（4）英国

英国是肯尼亚前殖民宗主国，在肯尼亚的政治经济发展和对外关系中占据着重要地位。肯尼亚独立之后，肯雅塔领导下的肯盟以及其后的历任执政党、国家元首，对英国均采取较为温和与开放的态度。英国也将对肯尼亚关系列为对非洲关系的重要支柱，通过发展援助、政治制度建设、人力资源开发、高等教育合作等多个方面，参与肯尼亚的现代化建设进程。总体来看，肯尼亚仍然在官方语言、法律体系、政治制度、社会文化、主流价值观念等多个方面，带有较为浓厚的英国痕迹与特色，独立后的肯尼亚也选择一直留在英联邦内部。由于肯尼亚的社会经济发展长期较为稳定，没有出现其他同为前英国殖民地的英语非洲国家那样的周期性政变或战乱，因此常常被外界看作英国遗留下的治理机制在非洲发展的"模范"。

冷战结束后，英国对肯政策在总体上配合美国对肯合作关系的同时，继续着力发挥作为前殖民宗主国的特殊影响。从20世纪90年代后，英国对肯工作重点主要聚焦于推动肯尼亚实行稳定的多党选举制度，支持肯尼亚参与打击索马里恐怖主义势力渗透的军事行动，等等。2007年底肯尼亚爆发改行多党制后的首次大规模全国性骚乱，英国率先宣布向肯尼亚红十字会提供100万英镑人道主义援助，用于救助遭受骚乱冲击的普通民众。联合政府成立后，担任政府总理的奥廷加于2008年7月出访英国，与英国首相布朗举行会谈，感谢英国在推动肯尼亚建设性解决国内政治危机时所发挥的积极作用；英国同期宣布向肯尼亚提供900万英镑的援助，主要用于支持肯尼亚的现代化建设以及国内公民社会组织的发展。2010年肯尼亚新宪法颁布后，英国率先表示祝贺，认为这是肯尼亚乃至非洲民主建设的重要里程碑。2013年大选前夕，英国对总统候选人肯雅塔的态度与美国保持一致，认为肯雅塔在2007年大选骚乱中"犯有"煽动种族仇恨，领导吉库尤族攻击其他民族的"反人类罪"，应该接受国际法院的"制裁"。如果肯雅塔当选，肯尼亚的民主建设将会成为"泡影"，而英国绝对不会对此坐视不管，将会与其他盟国一致，对肯尼亚采取相应的制裁措施。但随着肯雅塔当选后，美肯关系的松动，英国也放弃了敌视肯雅塔的政策，转而采取务实合作的态度迎接肯尼亚新政府。2013年5月和2015年9月，肯雅塔总统分别在出访英国、美国之时，两次与英国首相卡梅伦会晤，就英国认可肯尼亚新宪法下选举的首任政府的合理性，继续强化英肯传统合作关系等议题，达成一系列共识。

在特蕾莎·梅、鲍里斯执政期间，肯尼亚继续在双边贸易、英国对肯投资、双方情报共享和安全合作等方面，与英国保持密切的接触。肯尼亚表示支持和理解英国脱离欧盟的决定，而英国也承诺继续在英肯双边关系和英联邦多边机制内，尽可能多地给予肯尼亚以支持。目前，肯尼亚依然保持着英国在非洲最大的援助接受者和最主要的投资目的地国家的地位，自独立以来共接收英国援助超过15亿英镑，英国各类型企业在当地投资超过25亿英镑。英国公民为访肯人数第二多的外国公民群体，肯尼亚国内也长期生活着超过30万侨民，其中大约有2万人持有英国国民（海外）护照。

（5）坦桑尼亚

肯尼亚是东非共同体成员国中的第一大经济体，在东共体框架下与其他成员国的关系发展较为迅速。作为肯尼亚最重要的邻国和东共体第二大经济体，与坦桑尼亚关系在肯尼亚的地缘外交中占据最为重要的地位。

在冷战时期，由于肯雅塔领导的肯盟与尼雷尔领导的革命党在意识形态和执政理念上存在巨大的分歧，两国在东非一体化和地缘政治上的利益冲突愈发激烈，直接导致了第一代东共体于1977年土崩瓦解。1983年两国关系正常化之后，双方合作与对话日益频繁。2001年，肯尼亚与坦桑尼亚再次携手缔造了第二代东共体，成为驱动东非一体化的双引擎。2008年2月，时任坦桑尼亚总统基奎特以非盟轮值国主席身份赴肯尼亚斡旋肯尼亚大选危机，在推动齐贝吉政府以分权的方式化解政治危机方面，发挥了关键性的作用。新政府建立后，肯尼亚与坦桑尼亚保持着较为良好的合作关系，双方在东共体的框架下成立了双边贸易合作联合委员会，就肯尼亚的工业产品出口坦桑尼亚，以及坦桑尼亚的农业产品与原材料出口肯尼亚，搭建了便捷的平台，成为东南部非洲共同市场内部区域经济一体化程度较高的地区和重要的引导力量。但是近年来，随着肯尼亚在落实"2030愿景"时提出的行动计划，与坦桑尼亚推动"2025倡议"实现而制订的行动计划，在内容和举措上出现高度的同质性，两者之间在交通基础设施建设、产业谋划布局上，出现了相当程度的竞争关系。特别是当马古富力就任坦桑尼亚总统后，提出了按照尼雷尔的思想加速推进国家现代化建设，真正实现能够确保坦桑尼亚人民利益的发展格局时，两国的竞争关系开始愈演愈烈，双边关系也瞬间急转直下。总体来看，坦桑尼亚主要以构建从达累斯萨拉姆通往大湖地区南部的陆路通道为支撑，强化产业布局以及与卢旺达、布隆迪的合作关系，与肯尼亚谋划的以蒙巴萨、拉穆为起点，通往大湖地区的北部陆路通道，以及与南苏丹、乌干达等国的合作关系，产生了直接的竞争关系。双方在现代化标准轨铁路建设、港口扩能改造、国际航空公司建设、最惠商品待遇等多个方面，矛盾不断激化。

2018年以来，双方相继出现了互相征收惩罚性关税，乃至国际航班直接断航的情况。新冠肺炎疫情暴发后，两国互相将对方作为防疫优先处理对象，大幅度关闭了边境口岸。特别是当坦桑尼亚停止发布疫情数据之后，肯尼亚进一步强化了对坦桑尼亚的人员与物资的查验和管控。此外，两国在东共体与欧洲签署经济伙伴协议的问题上，存在十分明显的立场与利益分歧。由于所处关系较为被动，在东共体框架之外，加强与世界主要经济体的经贸谈判，成为肯尼亚当前主要的应对措施。但从长远来看，随着东非一体化的深入推进，肯坦两国发展中的合作仍然是大于竞争关系，在推动东非基础设施互联互通，发展制造业、推动互联网经济发展等多个方面，存在着较为广阔的发展空间。

(6) 其他

世界银行和国际货币基金组织是对肯尼亚进行大额援助的主要国际多边金融机构。20世纪80年代中期以来，两大机构多次以提供资金援助为主要推手，要求肯盟尽快结束一党长期执政，通过恢复多党制来实现西式的民主和政策。肯尼亚尽管对两者的长臂管辖感到反感，但受制于资金匮乏的现实挑战，常常又无力对抗来自两者的压力。因此，两者与肯尼亚之间的关系基本呈现出波浪式的发展态势，时而紧密，时而又疏远，而其中发挥决定性影响的就是肯尼亚执政者在驾驭政局变化时所表现出的态度。1992—1994年，国际货币基金组织冻结对肯尼亚的发展援助，理由是肯盟在推进多党民主政治方面裹足不前。1997年肯尼亚大选前夕，国际货币基金组断援，作为对肯盟竞选中的"不透明"行为的"惩罚"。2003年彩盟政府当选后，逐步改善与西方世界的关系，两大国际金融组织陆续恢复并且提升对肯尼亚的经济援助额度。特别是2007年大选骚乱之后，齐贝吉政府与奥廷加达成和解，以分权的方式组建联合政府之后，西方世界进一步加大对肯尼亚的支持。根据2011年肯尼亚与国际货币基金组织达成的协议，2011—2014年，肯尼亚可在该组织内享受7.5亿美元的特别提款权，主要用于国家增加美元外汇储备，稳定肯先令对美元的汇率。

2016年，该组织再向肯尼亚提供15亿美元的备用贷款，用于支持现代金融体系建设。但由于肯尼亚以国际融资方式推动基础设施建设的速度不断加快，国家债务的增长速度超过了经济发展的速度，债务负担不断上升，国际货币基金组织于2017年冻结了该笔款项。2018年肯尼亚政府承诺减缓借债速度之后，该组织重新恢复了肯尼亚的提款权。新冠肺炎疫情暴发后，国际货币基金组织批准了在快速信贷项下向肯尼亚发放7.39亿美元的资金，用于抗击不断升级的疫情，恢复经济社会发展。

与国际货币基金组织类似，世界银行主要以经济自由化、政治民主化为指标，向肯尼亚提供国际多边金融支持。2010年新宪法颁布之前，肯尼亚与世行的关系总体上也呈现出波动态势，双方在政治理念上分歧较大，但在具体项目上的合作稳步推进。肯尼亚提出"2030愿景"后，将世行作为提供国际融资支持的重要合作伙伴。肯雅塔当选总统后，随着西方主要国家与肯尼亚的关系实现正常化，世行于2014年批准《肯尼亚国别合作战略》，承诺2014—2020年，每年向肯尼亚提供10亿美元的融资支持，主要用于基础设施、社会民生等领域，推动"2030愿景"的实际落地。截至2020年年初，世行对肯尼亚的承诺资金支持基本到位，对于"2030愿景"前两个中期（五年）执行计划的顺利实施，发挥了重要的推动作用。随着新冠肺炎疫情的暴发，世行于 2020 年 4 月批准向肯尼亚提供 5000 万美元的紧急资金援助，支持肯尼亚的抗疫工作。同年 5 月，世行再次向肯尼亚提供 10 亿美元的特别贷款，用于稳定肯尼亚的国家财政，支持肯尼亚疫情后的社会经济恢复。

二 肯尼亚承接国际产能合作的基础与优势

肯尼亚地处东非门户，交通便利，自古以来就是东非印度洋海岸通往大湖地区、苏丹地区的交通要冲。与此同时，肯尼亚又是非洲极少数具有一定产业发展基础，同时长期保持稳定的非洲国家。因此，在东非乃至整个次区域范围内，肯尼亚在承接国际产能合作方面，具备一定的优势与基础。

（一）肯尼亚具备较为坚实的经济发展基础

肯尼亚自独立以来，肯盟一直以发展国有经济为主导，兼顾私营经济的发展，在继承了英国殖民者遗留的相关初级产业的基础上，初步实现了本国以初级工业产品制造以及农产品初级加工为基础的产业结构，相比于同期独立的其他非洲国家，经济进步和产业发展的成就相对显著。20世纪90年代采取国际货币基金组织和世界银行的结构调整计划之后,肯尼亚开始大规模推进经济自由化,一方面对国有企业进行大规模的私有化改造,另一方面积极鼓励外资进入肯尼亚市场,特别是大力推动外国直接投资带动本国经济实现发展与转型,为肯尼亚市场的进一步开放奠定了坚实的基础。

1. 经济发展概述

为了鼓励海外直接投资,肯尼亚政府自20世纪90年代以来,相继制定了一系列吸引和鼓励外资的法律和法规,包括颁布《外国投资保护法》,取消进出口许可证,降低进口关税税率,取消出口关税,废除外汇管制,设立出口加工区、开设涉外合作的经济特区,等等。改行多党制后,肯尼亚又在既有宪法框架下进一步细化关于外资的相关法律法规,其中最具代表性的为2005年颁布的新版《投资促进法》,2015年颁布的《经济特区法案》,为外商和外资进入肯尼亚市场搭建了更为便利的条件。在"2030愿景"中,大规模吸引外资,开展国际合作,也被列为国家实现现代化的重要举措和焦点。除了立法不断完善之外,肯尼亚还与多个主要的国际经贸合作伙伴签订了《双边投资保护协定》,为增强国际合作者对投资肯尼亚市场的信心,进一步提供了支撑和保障。

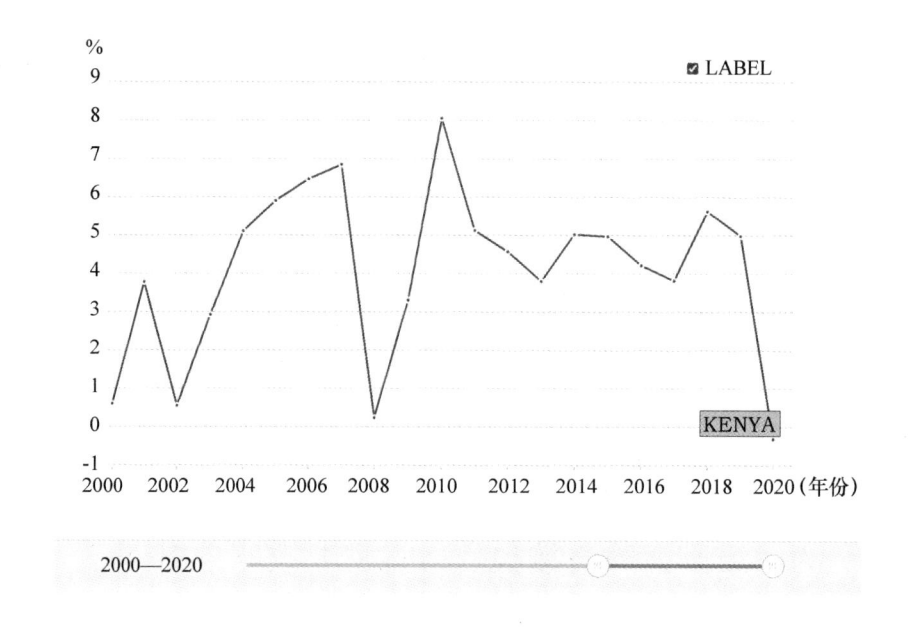

图 2-1　2000—2020 年，肯尼亚 GDP 的每年增速情况

数据来源：世界银行，https：//data.worldbank.org/indicator/NY.GDP.MKTP.KD.ZG?end=2020&locations=KE&start=2000.

在历届政府大力吸引外资政策加持下，肯尼亚市场对外资的吸引力度稳步增强，进入肯尼亚市场的海外直接投资总额持续增加，对当地经济社会发展的带动作用不断显现。在这些流入当地市场的海外投资中，一部分是利用肯尼亚相对成熟的产业基础和市场潜力，旨在建设能够深度开发和释放当地市场潜力的项目，另外一部分是看中肯尼亚之于东非共同体乃至东南部非洲市场的重要地位，希望通过深耕肯尼亚市场，辐射其他东非内陆国家，开拓整个东非市场。2010 年新宪法颁布后，外资对肯尼亚经济的发展带动作用进一步凸显，特别是在肯雅塔总统执政期间，肯尼亚的年均海外投资流入总额超过10亿美元，有力支撑了肯尼亚长期维持在5%以上的经济年均增速，创造了东非人口规模最大的中产阶级群体，积累了相对强劲的市场消费潜力。尽管自2020年以来，由于遭受新冠肺炎疫情的冲击，肯尼亚的海外投资流入量呈现出断崖式下跌，对经济社会发展的劳动作用出现明显下滑，但在非洲自由贸易区建设背景下，肯尼亚在可预见时期内仍然会成为非洲范围内外资的主要投向对象，是经济实现发展和产业向上突破的切入点。

但在肯定肯尼亚在吸引外资工作上作出巨大成就的同时，还需要认识到该国在很大程度上仍然带有非洲国家在落实政策上的普遍弊端，即某些标准的设定脱离非洲发展的实际情况，工作效率普遍低下，配套基础设施建设力度和速度严重滞后，劳工法律过于严苛，等等。例如，为了鼓励外资成规模地进入本地市场，肯尼亚规定外商直接投资最低限额为10万美元，结合当地市场的实际情况来看，这个门槛设置过高，在实践中实际上将大量的来自新兴市场国家的中小规模投资者排除在外，实际上遏制了这些投资者及其所带来的相关产业对于拉动当地就业的积极作用。在税收、经营范围、企业所有权和土地等方面，肯尼亚也对外资的投向作出了诸多不同于国内资本的标准与限制，例如不鼓励本国具有一定发展基础和优势的纺织品、小家电、建筑材料的生产，等等。税务、移民和海关等部门办事花费时间较长，权力寻租普遍，腐败问题在一定程度上广泛存在；中央和地方之间分权不清，存在掣肘现象，上级政府批复的合作项目，有时在地方基层得不到配套政策与法规的支持与保护；港口、公路等基础设施不能满足实际需求，运力不足，且运费昂贵，物流成本占总成本40%以上；水和电力供应不稳、价格过高，居民劳动力素质相对较低，特别是缺少高素质的技工等这些限制性因素，也在很大程度上制约了外资进入肯尼亚市场。尽管如此，肯尼亚的整体投资环境在非洲国家中特别是东非国家中，仍然具有一定的明显优势。即便是在新冠肺炎疫情的猛烈冲击下，根据世界银行发布的《2020年全球营商环境报告》显示，肯尼亚在全球190个经济体中排名第56位，在整个东非区域内部排名第一。

肯尼亚独立后一直实行国有经济驱动社会经济发展，但在20世纪90年代经济改革之后，私营经济开始成为主导，占比超过七成，但同时其他所有制经济也广泛存在。农业是肯尼亚第一大出口创汇行业，其中花卉、蔬菜、水果等园艺产品、茶叶、咖啡、夏威夷果为肯尼亚的主要出口创汇产品。肯尼亚旅游业较发达，是第二大创汇行业，纳库鲁国家公园、马赛马拉国家公园、蒙巴萨海滨浴场等景点，是整个东非乃至非洲最受外国游客欢迎的旅游景点。侨汇是肯尼亚第三大外汇来源，其海外侨民主要集中在英国、美国等西方发达国家，以及阿联酋、卡塔尔、科威特、沙特阿拉伯等中东高收入国家。肯尼亚工业在东非地区相对发达，国内日用消费品基本自给，而且还可向周边的乌干达、坦桑尼亚、南苏丹等国出口部分初级工业制成品。

根据世界银行发布的统计显示，2020年肯尼亚全国GDP完成988亿美元，相较于2019年仅增长0.79%，增速创近二十年来的最低值。造成这种局面的主要原因是在新冠肺炎疫情肆虐下，严格的防疫措施导致全国交通出现梗阻，物流网络几近瘫痪，大量的服务业部门和出口遭受重创；席卷整个东非的沙漠蝗灾几乎导致整个中西部地区的农业生产遭受毁灭性打击；持续不断的降雨和洪水又淹没了大片农田和农户房屋，进一步加剧了农业生产恢复的难度。但从全年的不同行业对经济发展的贡献来看，农业仍然占据着主体地位，占比近40%，制造业、建筑业、交通物流、金融、保险、电信等业务出现大幅度滑坡[①]。

---

① 上述相关数据，参阅 Trading Economics, Kenya GDP, https://tradingeconomics.com/kenya/gdp#:~:text = Kenya% 20GDP% 20The% 20Gross% 20Domestic% 20Product% 20% 28GDP% 29% 20in，0.79% 20USD% 20Billion% 20in% 201961. % 20source% 3A% 20World% 20Bank.

除了产业发展不平衡之外，肯尼亚国内的地区之间也存在较为明显的发展不均衡问题。2019年3月，肯尼亚首次发布国内各郡县的生产总值报告，对各地的经济发展水平进行了相关的梳理和排名。根据报告显示，内罗毕、纳库鲁、基安布等郡县的生产总值和人均生产值较高，而拉穆、伊索洛、萨姆布鲁等郡县较为落后。这充分表明，肯尼亚的经济发达地区仍然集中在吉库尤族、卡伦金族分布的中央高原和大裂谷地区，即行政区划调整之前的内罗毕直辖市、中央省、裂谷省，其中仅首都内罗毕一个城市的生产总值就占据全国同期GDP的1/5左右，是位居榜单第二名的纳库鲁的将近4倍，而且占比相较于5年前进一步提升；与此同时，原东北省范围内的各个郡县的占比普遍不到1%，属于深度贫困与落后地区。从产业结构来看，以内罗毕为代表的大城市或者经济发达的郡县，农业、制造业、运输、金融、房地产及批发零售相关的经济活动较为活跃，也是人口主要流向的方向，城市化发展速度相对较快；而其他郡县的主要经济发展仍然依靠单一的传统农牧业来驱动，人口流失较为严重，城市化进程十分缓慢。在"2030愿景"下，一大批项目和产业集中落地，未来肯尼亚国内的城市发展格局将进一步被固化，蒙巴萨—内罗毕—基苏木三大城市构成的交通轴线，将成为承载国家社会经济发展和城市化的最主要的核心区域。

截至2020年年底，肯尼亚公共债务余额为620亿美元，占GDP比重约为55%，其中内部债务占43.4%，外部债务占56.6%。世界银行和中国为主要贷款来源方，其中，中国占肯尼亚双边债务的72%。其他主要贷款方包括国际货币基金组织、非洲发展银行、德国、日本、英国，等等。目前，肯尼亚外部债务主要为长期债务，63%的外债到期日超过10年，仅11.4%的债务将于4年内到期。国际货币基金组织、世界银行等国际组织看好肯尼亚经济增长，但同时多次对肯尼亚债务问题提出警告，认为其政府应采取措施，降低债务风险。肯尼亚中央银行最新报告显示，2019年5月发售的2100亿肯先令欧债，在6月底将肯尼亚公共债务推高至5.81万亿肯先令。在2018/2019财年最后三个月（4—6月），肯尼亚月均增加1295亿肯先令债务，快速接近完成当年财政赤字预算6350亿肯先令。过去5年，公共债务年均增长6800亿肯先令。肯尼亚在2018/2019财年税收为1.44万亿肯先令，比预算少727亿肯先令。从近期来看，新冠肺炎疫情的暴发，在很大程度上会加剧肯尼亚的债务压力，对经济发展和开展对外合作，产生一定的消极影响。2019年，受交通、食品和酒水供应不足等影响，肯尼亚通货膨胀率从上一年的4.7%上升至5.2%。2020年，在新冠肺炎疫情、蝗灾和洪水多重因素影响下，预期肯尼亚通胀率快速上涨，攀升至5.47%，达到近年来的新高度。受上述要素的影响，肯尼亚近年来失业率仍然居高不下，特别是青壮年群体的失业问题仍然十分严峻。根据世界银行的统计，2019年肯尼亚全国的失业率已经达到10.7%左右[①]。

因肯尼亚承担着巨大的债务义务，包括需要分摊外部贷款的超额付款和为短期国内贷款再融资，其中大部分将于2020年6月底到期。2020年5月，信用评级机构穆迪将肯尼亚信用评级从"B2稳定"调整为"B2负面"，并表示可能在下一次审查中降低至B3。2020年6月，继穆迪后，惠誉评级也将肯的评级展望下调至负面。2020年7月，标准普尔将肯尼亚的主权信用评级展望从稳定下调至负面，理由是新冠肺炎疫情导致肯尼亚经济增长停滞。肯尼亚目前评级受到新冠肺炎疫情、民族关系紧张、政治走向不明朗、人均GDP水平较低及财政赤字和债务高企的影响。

2. 不同产业的发展情况

农业是肯尼亚国民经济的支柱产业，占全国GDP的34.1%。肯尼亚受2019年上半年持续干旱的影响，2019年农业增长为3.6%，较上年增幅下降2.8%。肯

---

① 上述相关数据，参见世界银行对肯尼亚具体行业类别的统计：https://data.worldbank.org/country/kenya.

尼亚主要粮食作物有玉米、小麦和水稻，主要经济作物有咖啡、茶叶、剑麻、甘蔗、除虫菊酯和园艺产品，等等。肯尼亚的三大创汇产品分别是茶叶、园艺产品和咖啡。2019年，因世界茶叶、咖啡产量饱和，销售价格下降，这两种产品出口额均有下降，分别为1041亿肯先令和102亿肯先令。受鲜切花出口额减少影响，园艺产品出口额也下降5.9%至1446亿肯先令。

肯尼亚制造业在东非地区相对发达，国内日用消费品基本自给，独立以后发展较快，门类比较齐全，是东非地区工业最发达的国家。发展制造业是肯尼亚四大行动目标之一，制造业以食品加工业为主。但近年来，肯尼亚制造业发展缓慢，2019年，制造业增长3.2%，约占GDP的7.5%，与上年相比有所下降。工业主要集中在内罗毕、蒙巴萨和基苏木三大城市。肯尼亚"2030愿景"目标是2030年将肯尼亚建成新兴工业化国家，大力发展制造业是其重点之一。2018年初，肯尼亚政府宣布将在未来5年推进"四大发展计划（Big 4）"，其中制造业目标是将制造业占GDP比重增加至15%。肯尼亚制造商协会发布调查报告显示，2019年第一季度，肯尼亚制造业有47%企业仅利用了产能的50%，有33%的企业产能利用率为75%，仅5%的企业达到100%产能利用率。当时报告预测，由于资金不足、气候变化导致的自然灾害的影响以及腐败问题，加之税务局退税办理低效、蒙巴萨港清关迟缓等，制造业的发展前景，仍然面临着诸多的挑战。

2019年，肯尼亚交通和仓储业增长7.9%，占GDP比例为8.5%；批发零售业占GDP比例为7.6%；金融保险业，增长6.6%，占GDP比例6.0%；建筑业增长6.4%，占GDP比例5.6%；房地产业增长7.9%，占GDP比例6.9%。从交通业方面来看，肯尼亚具有优越的地理位置，蒙巴萨港是东中非最大的港口，运输业辐射到周边国家。近年来随着经济的复苏，运输业发展较快，但是基础设施落后等因素限制了该行业的进一步快速发展。目前，肯尼亚正致力于铁路网、公路网和港口的建设升级。蒙内铁路投入运营对肯客、货物流条件均带来较大改善。2019年信息通信技术（ICT）行业增长8.8%。在通信行业方面，邮政电讯业目前可提供国际直拨、移动电话、电传、传真、数据传输及相关服务。移动通信服务业发展迅速，用户数量超过4950万。肯尼亚旅游业较发达，是国家支柱产业之一。主要旅游景点有内罗毕、察沃、安博塞利、纳库鲁、马赛马拉等地的国家公园、湖泊风景区及东非大裂谷、肯尼亚山和蒙巴萨海滨等。据肯尼亚统计局数据显示，2019年，肯尼亚旅游业创收约15.5亿美元，同比增长3.9%。根据肯尼亚旅游局发布的报告，2019年肯尼亚国际游客总数达204.8万人次，同比增长1.16%。酒店入住率增长6.31%。游客来源方面，前六位为美国（11.98%），乌干达（10.88%），坦桑尼亚（9.46%），英国（8.86%），印度（5.98%）和中国（4.11%）。中国目前是肯尼亚第六大旅游客源市场，也是亚洲第二大客源市场。2019年，中国访肯游客为8.4万人次，同比增长3%左右[①]。

2007年肯尼亚政府制订了"2030愿景"，其核心目标是要实现GDP年均增长10%以上，到2030年将肯尼亚建成新兴工业化、中等发达和具有国际竞争力的国家。肯尼亚远期和中期发展规划均将能源、公路、铁路、港口和通信等基础设施建设视作实现经济腾飞的基本要素，列为优先发展领域；在基础设施显著改善的基础上，重点发展旅游、农业、批发零售业、制造业、采矿业、服务外包和金融服务等产业。2018年，肯雅塔总统连任成功之后，提出"四大计划"，作为未来5年的发展目标，内容包括制造业发展、全民医保、保障住房和粮食安全。旨在通过各项措施，实现如下目标：至2022年，制造业占GDP的比重由9.2%提高到20%；保障全民食品安全与营养；惠及全民的医疗保障体系；建设50万套保障性住房。从顶层设计规划来看，肯尼

---

① 《对外投资合作国别（地区）指南·肯尼亚》，中华人民共和国驻肯尼亚共和国大使馆，http://www.mofcom.gov.cn/dl/gbdqzn/upload/kenniya.pdf.

亚各个具体行业发展的提质增效，是实现国家总体规划和肯雅塔总统行动计划的具体措施。但在具体实践层面来讲，各个产业的发展仍然远远落后于政府的既定规划，特别是在新冠肺炎疫情的冲击下，许多领域都出现了发展成就的退坡或者缩水，仅此一项冲击预计就会导致肯尼亚的产业发展成就停滞两到三年，从而使"2030愿景"的实现面临着更为艰巨的困难。

3. 货币与金融

肯尼亚使用的货币肯尼亚先令可与西方主要货币自由兑换。2015年，受国际宏观经济形势影响，肯尼亚先令曾出现波动，肯尼亚先令兑美元汇率为98.18先令=1美元，2018年肯尼亚先令兑美元汇率为101.3先令=1美元，2019年肯先令基本保持稳定，兑美元汇率为101.99先令=1美元。

近年来，随着中肯经贸关系的快速发展，肯尼亚先令兑人民币结算业务发展较快，花旗（肯尼亚）银行和标准（肯尼亚）银行已提供人民币账户服务。肯尼亚公平银行也与中国银联签署合作协议，银联卡持有者可通过该行自动柜员机及营业网点进行肯先令与人民币之间的兑换。2016年7月15日，肯尼亚标准银行在内罗毕举行发布会，宣布开通人民币现钞与肯尼亚先令直接兑换业务，对进一步深化中肯经贸领域合作有重大意义。

在外汇管理方面,肯尼亚依照《中央银行法》第七部分33A-33O有关条款以及政府1996年2月发布的第23号法律公告对外汇进行管理,具体操作规程包括《外汇业务指引》《汇兑公司管理指引》及肯尼亚中央银行发布的有关通知。肯尼亚没有外汇管制,在提供相关凭证和证明材料后,肯尼亚居民和非居民即可自由地开展以外汇作为支付手段的商品或服务(包括经常项目和资本项目)买卖活动,向特许银行申请获得外汇融资便利,任何公司和个人无须申请便可在商业银行开设外汇账户。外资利润汇出自由,外籍人员外汇收入在缴纳个人所得税后可全部汇出,每笔汇款最低收费1500肯先令。肯尼亚对出入境人员携带外汇金额没有限制,但超过5000美元的需在海关登记。

肯尼亚拥有比较完善的金融服务体系,包括中央银行、42家商业银行、1家抵押放款公司、14家汇款服务商、13家小额信贷银行和1个资本市场管理局。42家银行中,肯尼亚政府控股的3家,当地控股的25家,外资控股的14家。商业银行主要有:肯尼亚商业银行有限公司、渣打银行肯尼亚有限公司、肯尼亚合作银行有限公司、巴克莱银行肯尼亚有限公司、肯尼亚公平银行、标准银行肯尼亚公司、花旗银行肯尼亚公司。上述银行与中国国内银行合作较密切。近年来,随着中肯经贸合作的深入发展,中国的银行进入肯尼亚的速度也在不断加快。目前，已经有中国国家开发银行、中国进出口银行、中国银行等机构，相继在肯尼亚首都内罗毕设立常设的办事机构。

（二）肯尼亚对外经济合作发展稳健

肯尼亚是世界贸易组织的创始成员国，东南部非洲共同市场的成员国。得益于自身近年来的发展成就以及独特的地理位置，肯尼亚的对外经济合作发展较为稳健，成为有效沟通国际市场与东非区域市场的重要节点国家。随着东非一体化进程的持续推进，特别是非洲大陆自由贸易区的启动，肯尼亚的优势地位和作用将得到进一步的发挥。

1. 对外经贸合作

截至 2020 年新冠肺炎疫情暴发之前，肯尼亚货物贸易总额约 235 亿美元，同比增加 1.2%；其中出口额约 60.5 亿美元，同比下降 2.9%；进口约 174 亿美元，同比增长 2.4%；贸易逆差约 113 亿美元，同比增长 5.4%[1]。肯尼亚主要的贸易伙伴为中国、印度、阿联

---

[1] 《对外投资合作国别（地区）指南·肯尼亚》，中华人民共和国驻肯尼亚共和国大使馆，http://www.mofcom.gov.cn/dl/gbdqzn/upload/kenniya.pdf.

酋、沙特阿拉伯、日本和美国。在东共体框架下，由于肯尼亚与坦桑尼亚、乌干达等成员国的贸易摩擦不断，近两年来对上述国家的出口额开始出现下滑。受此影响，疫情暴发之前，肯尼亚对非洲国家的贸易开始出现逆差，主要是初级工业制成品的出口量下降所导致。

在肯尼亚出口商品中，茶叶、园艺作物，包括鲜花、水果、蔬菜等，以及纺织品、咖啡等占比达52.4%，工业机械、石油制品和钢铁则占进口的36.6%。自2017年起，肯尼亚成为非洲最大的牛油果出口国，据国际贸易中心统计，阿联酋、芬兰、法国为肯尼亚牛油果前三大进口国。此外，随着中肯关系的深化，肯尼亚在稳固传统出口产品在欧美市场的优势地位之外，还积极开拓中国市场，希望特色农业产品能够借助中国发达的电商平台与便捷的交通物流网络，成功进入中国消费者的视线。目前，肯尼亚将食品、饮料、烟草、纺织和服装、皮革和鞋类、药品和医疗设备、塑料、轻工、家具、汽车及其零部件列为政府引导出口促进计划下的优先推动与指导行业。

除商品贸易之外，肯尼亚的服务业贸易也呈现出稳定发展的态势。截至疫情暴发前的2019年，肯尼亚的服务贸易总额77.3亿美元，其中服务贸易出口额

43.32亿美元，同比增长14%；服务贸易进口额33.98亿美元，同比增长19%，内容涉及交通运输、旅游、金融、信息技术、保险等多个方面[①]。

作为东非第一大经济体，肯尼亚是多个旨在促进贸易便利化的协定的参与者和受益者。在东共体、东南部非洲共同市场两大框架下，肯尼亚充分发挥其区域经济发展驱动引擎的作用，在贸易、金融、交通运输、工农业、能源和法律等领域与其他成员国开展了广泛的合作，不同成员之间的进出口享受优惠关税税率。2000年10月，肯尼亚与东南部非洲共同市场的八个成员国签订自由贸易协定，规定缔约方之间对进出口产品相互实行零关税，大力推动园艺产品、茶叶、咖啡、烟草、小麦等物资的跨国交易与流动。2009年6月，东南部非洲共同市场成员国进一步组建关税同盟，进一步推动贸易便利化朝向纵深发展。在东共体框架下，区域内贸易便利化随着东非一体化的发展进程，不断向纵深发展。2005年元旦，肯尼亚与坦桑尼亚、乌干达正式启动东非关税同盟建设，率先实现三国之间大部分商品进出口的零关税。2009年11月，东非关税同盟三国与新加入东共体的卢旺达、布隆迪共

---

① 《对外投资合作国别（地区）指南·肯尼亚》，中华人民共和国驻肯尼亚共和国大使馆，http://www.mofcom.gov.cn/dl/gbdqzn/upload/kenniya.pdf.

同签署了《东非共同市场协议》，并于次年正式生效，为肯尼亚的商品进入其他东非国家的市场铺平了道路。南苏丹加入东共体之后，在肯尼亚的推动下，东共体成员国也就南苏丹加入东非共同市场的问题，展开了全面积极的磋商。

在对西方发达国家的经贸关系方面，肯尼亚是美国《非洲增长与机会法案》和欧盟《洛美协定》《科托努协定》的受益国。根据《科托努协定》条款，肯尼亚产品进入欧盟市场享受关税减让，产品出口没有配额限制。2007年《科托努协定》到期后，肯尼亚作为东共体成员国之一，参与东共体与欧盟进行的《经济伙伴协定》谈判，并于2014年达成共识。但由于东共体内部坦桑尼亚、卢旺达、布隆迪等国的分歧，该协议时至今日仍未生效。因此，肯尼亚目前在东共体框架之外，与欧盟单独进行贸易协定谈判的欲望较为强烈。此外，根据世贸组织制定的普惠制条款，肯尼亚作为非洲发展中国家，其加工产品在美国、日本、加拿大，以及众多欧洲发达国家享受优惠关税待遇，目前已经有超过3000种出口产品适用于上述优惠待遇，在出口发达国家市场方面没有数量限制。

除此之外，在非洲联盟推动建设覆盖整个非洲大陆的自由贸易区的背景下，肯尼亚也积极参与，和其他非洲国家加强经贸政策对接，为自贸区的落地提供强有力的支持。2019 年 7 月 7 日，非洲自贸区在第十二届非盟特别峰会上正式宣布成立，但受新冠肺炎疫情等因素影响，《非洲大陆自由贸易区协定》未能按原计划于 2020 年 7 月 1 日起正式实施，推迟到了 2021 年 1 月。目前，包括肯尼亚在内的绝大多数非盟成员国已经签署，并且获得国内立法机构的批准。根据世界主流金融机构的预测，如果非洲大陆自由贸易区的建设真正获得实质性的推进，到 2035 年整个大陆的出口总量将增加近三成，其中区域内的出口将增长 81%，对区域外国家出口将增长 19%。非洲由此将获得近 4500 亿美元实际收益①。

肯尼亚作为东非贸易中转中心之一，占据地理位置优势，港口对邻国的贸易辐射能力较强。埃塞俄比亚、索马里、苏丹、乌干达等国家的许多商人都从肯尼亚境内采购商品。2014 年，肯尼亚政府批准在蒙巴萨建立该国首个自由贸易区，占地 2000 平方公里。建立自由贸易区有望通过商品免税交易，提升和加强东部非洲、中部非洲和南部非洲的区域内贸易②。有关商家可以在新的免税区采购，而不必前往阿联酋、中国

---

① Trade Pact Could Boost Africa's Income by $450 Billion, Study Finds, World Bank, https://www.worldbank.org/en/news/press-release/2020/07/27/african-continental-free-trade-area.

② Mombasa Special Economic Authority, https://sezauthority.go.ke/locations/mombasa.

和日本等传统目的地。除蒙巴萨外，肯尼亚政府还将在西部城市基苏木和东部沿海的拉穆建立自由贸易区，各占地700平方公里。但截至目前，仅蒙巴萨经济特区有实质性进展，中国交通建设集团正与肯尼亚进行蒙巴萨经济特区商务合同的谈判。蒙巴萨经济特区占地3000英亩，兼具港口装卸、保税物流、进出口贸易、加工制造等多种功能，拟分两期开发，项目总金额约15亿美元。2018年，肯尼亚工业、贸易和合作部宣布将西方投资者投资建设的塔图工业园定位为经济特区。该工业园位于内罗毕，占地约400英亩，已吸引联合利华等企业入驻。在非洲自贸区建设的推动下，肯尼亚在推动贸易便利化方面取得的原有成果，将进一步扩大肯尼亚对周边区域的辐射带动优势，将本国的产业基础持续转化为与其他非洲国家实现优势互补的驱动力。

尽管受国际经济形势和疫情冲击的影响，肯尼亚近两年来外资流入增量和增速出现双下降，但国际主流金融机构对肯尼亚吸引外资的前景还是总体上持乐观态度，认为从长远来看，肯尼亚在治理及人力资源发展、经济多元化、基础设施和物流以及改善的营商环境方面排名靠前，相较于其他非洲国家仍然具有较为明显的优势地位，可以作为外资打通进入东非共同市场的桥头堡和落脚点，适合成为跨国公司在非洲设立区域总部的候选国度。从 20 世纪 90 年代实施经济体制改革后，美国、英国、欧盟国家是肯尼亚外资的主要来源国，相关的大型企业均在肯尼亚设有东非或者非洲的区域总部。近年来随着新兴市场国家的崛起，印度、中国、海湾国家的投资也在不断进入，投资涉及农业、工业、商业、金融、旅游、交通、医药等主要经济领域，并且将肯尼亚列为深耕非洲市场的重要落子之地。此外，由于肯尼亚市场相对于其他东非国家的优势，私募投资者对当地市场也持续抱有浓厚的兴趣。截至疫情暴发之前，肯尼亚市场内的私募投资总量超过 1000 亿肯尼亚先令，其中农业现代化、金融服务、商贸物流、电子商务等领域是投资主要流向的行业。

2. 中肯经贸合作的发展情况

肯尼亚于 1963 年 12 月 14 日与中国建交，是非洲最早与中国建交的国家之一。此后，两国的经贸合作关系稳步发展，双方签署有《经济技术合作协定》《贸易协定》和《投资保护协定》，建立了双边经贸混委会机制。"一带一路"倡议提出后，肯尼亚也是最早与中国签署《共建"一带一路"谅解备忘录》的非洲国家之一，推动"2030 愿景"与中国提出的"五通"理念、"三共"原则的全面对接，搭建了中非产能合作的样板。中国也将肯尼亚列为中非产能合作、"三网一化"建设的先行示范国。2017年，肯雅塔总统到北京参加"一带一路"高峰合作论坛，推动中肯经贸合作进一步走深走实。2018年中肯双方在上海举行的中国国际进口博览会上签署实施卫生与植物卫生措施的谅解备忘录、关于建立贸易畅通工作组的谅解备忘录，并签署了肯尼亚甜叶菊对华出口检验检疫协议，为肯尼亚农产品进一步扩大进入中国市场的力度，搭建了必要的制度保障。2019年4月，双方签署关于肯尼亚冷冻牛油果输华检验检疫议定书，牛油果作为肯尼亚近年来培育的拳头出口产品，也正式实现了对华准入的资质。在中肯双方的共同推动下，2015年中国首次成为肯尼亚最大贸易伙伴，并且迄今连续六年保持这一优势地位。

在双边经贸中，中国主要向肯尼亚出口工业制成品、纺织品，包括电机、电气、音像设备及其零附件、非针织服装、锅炉机械、钢铁制品、家具、铁路装备，等等。中国主要从肯尼亚进口农产品和部分原材料，包括牛油果、咖啡、茶叶、鱼类、毛皮、矿砂，等等。总体来看，在双边贸易中，中国处于顺差地位，且针对肯尼亚的出口优势不断在扩大，贸易结构不平衡的问题在一定程度上存在。截至2019年，中国与肯尼亚的贸易总额达到51.65亿美元，其中中国向肯尼亚出口49.84亿美元,肯尼亚对华出口1.81亿美元①。未来,随着中肯贸易的深化,中国将在进一步扩大肯尼亚农产品进入中国市场幅度的同时,加快肯尼亚本地产业的升级转型,推动中肯贸易的结构实现平衡发展。

近年来,在中肯共建"一带一路"的有效带动下,中国已经成为肯尼亚市场最重要的海外投资来源国之一。至新冠肺炎疫情暴发前,中国对肯尼亚市场的投资已经达到16.24亿美元,主要涉及交通设施建设、通信技术推广、房地产、装饰建材生产,等等。具有代表性的投资方包括经营数字电视的四达时代、运营建筑产业化基地的中国武夷、生产瓷砖的科达集团、生产变压器的友盛集团,等等。随着中国投资的力度不断加大,中国在肯尼亚的劳务承包规模不断加大。至疫情暴发之前,中国在肯尼亚派遣劳务超过8000人次②,分布于各个中肯合作的项目上。肯尼亚也由此成为中国当前在非洲劳务派遣最重要的市场之一。

---

① 相关统计数据参见中华人民共和国驻肯尼亚共和国大使馆,《中肯关系概况》,http://ke.china-embassy.org/chn/zkgx_1/gxgk/202101/t20210106_7123600.htm.

② 相关统计数据参见中华人民共和国驻肯尼亚共和国大使馆《中肯关系概况》,http://ke.china-embassy.org/chn/zkgx_1/gxgk/202101/t20210106_7123600.htm.

（三）肯尼亚涉及国际产能合作的部门与制度

1. 主管部门

肯尼亚贸工与国际合作部是主管对外经贸合作的专职政府机构，其主要职能包括：对肯全国产业发展状况进行研究和开发；制定和执行国家贸易产业发展方面的政策；管理和促进贸易、投资和私营经济的发展；负责与投资和贸易相关的具体事宜如知识产权和货物标准的管理；颁发进出口贸易许可证，负责国际贸易、出口促进和肯尼亚产品的推广及国际贸易协定的签定等。

除国家部委之外，肯尼亚政府还下设若干专业的职能局，负责处理国际经贸合作中的不同具体事宜，主要包括出口促进委员会、出口加工区委员会、标准局、地方贸易发展办公室、投资促进局等。出口促进委员会的主要职责是为出口商或出口产品生产商提供方便，促进货物和服务的出口，并协调与出口有关的活动。出口加工区委员会主要是为区内企业提供便利和服务，并负责出具两种许可，即出口加工区企业设立许可和申请建立出口加工区许可。标准局主要职能是确保通过科学方法制定本国的技术性标准，负责向公众提供肯尼亚有关标准和技术规定方面的信息。设在各个区域的贸易发展办公室负责出具从事进出口所需的贸易许可证。投资促进局是下设于工贸部的专职机构，主要负责管理外资活动，可以为各类投资者提供一站式投资帮助服务，如为投资者出具投资证明或所需的执照许可等。该机构内设一站式服务中心，涉及税务、劳务、土地、环保、海关等相关部门派驻专职办事人员进驻中心，可以使投资者在此一次性办理完毕相关的手续，有效压缩办事时间，提升投资进入肯尼亚市场的效率。国家投资委员会主要负责为政府提供促进投资的指导方针，审查、分析影响经济发展和投资的因素，并在执行投资政策方面起促进政府与企业的沟通联系等作用。竞争管理局主要监管企业在市场中的竞争行为，打击不正当竞争和垄断，维持市场合理的秩序，有效保护消费者的权益和经济的良性发展。

2. 法律制度体系

从关税体系上看，肯尼亚的关税类型多为从价税。东非关税同盟建立后，肯尼亚与坦桑尼亚、乌干达共同对外执行三段式进口关税，原材料享受免税待遇，半成品关税率为10%，成品关税率为25%。除了关税之外，肯尼亚部分进口食品、物品征收消费税。为推进国际产能合作,肯尼亚从2017年开始,大幅度执行关税优惠政策,一方面出台经济特区优惠税收政策,区内企业的预扣税从15%下调到5%,同时建筑和机械设备的资本税100%抵扣。此外,还拟进一步降低经济特区企业的进出口货物的关税和清关费。另一方面鼓励汽车组装产业在本国落地,相关企业在前5年的企业所得税将从30%降至15%。此外,肯尼亚还对未经加工的动物毛皮和金属废料征收出口关税,肯尼亚财政部负责对具体税率进行调整以及出口税免除计划项下关税和增值税免税申请的审批。

肯尼亚对在其境内从事进口行业的从业者有严格的要求,必须获得工贸部颁布的许可证,才能从事进口行业。为了保护本国的民族产业以及确保国家对部分行业的掌控权,外商或外资持有人禁止经营包括食品、初级纺织品以及部分工业品生产等在内的多种行业,而且只能在政府划定的诸如内罗毕、蒙巴萨、基苏木等大城市及其周边区域开展活动,如需在上述地区之外拓展业务,则需要重新向政府主管部门递交申请。即便是在获得进口许可的情况下,外商或外资持有者也需要严格按照政府颁布的进口条目来执行,优先进口包括药品、原料、零配件、农用物资、重要的工程和机械设备。对于本国能够生产的产品或者资源,进口者必须每个季度或者每半年提交一次申请,等获得批准之后，才能予以进口，否则将遭受严厉的处罚。

与进口的制度大体相似，肯尼亚对出口业务的规定也较为严格，任何从事出口的企业或者个人必须先行申请许可证，获得批准之后才能予以实施。由于保护自然环境、食品安全，特别是动植物资源的原因，肯尼亚对动物制成品、木材等内容的出口具有严格的限制。对于本国生产的食品、纺织品、工业制成品、农产品，肯尼亚则配套采取出口鼓励措施，包括减免货物税、出口退税、出口税金免除计划。特别是对于在本国生产加工再出口的产品，肯尼亚则给予完全减免原材料和设备进口时所缴纳的关税和增值税。

从肯尼亚对外资的引导和规范的法律体系建设来看，《外国投资保护法》将农牧渔业、旅游业、基础设施、交通运输、信息与通信技术、能源、水资源与卫生服务、制造业、服务与培训、金融等多个方面，作为优先鼓励发展的领域；《投资促进法》规定外国投资者在肯投资必须获肯尼亚投资促进局批准，最低投资额为10万美元，所投资项目必须合法且对肯有益；《竞争法》规范企业兼并和收购行为，防止不正当竞争和滥用垄断地位。此外，肯尼亚规定，对于保险公司、电信公司和在内罗毕证券交易所上市的公司，外国企业持股总额分别不得超过66.7%、70%和

75%。为扩大对外资的吸引力，2015年肯尼亚修改了相关的规定，允许外资可以完全拥有在肯上市的公司，废除此前对股权份额的各种限制。

3. 海关特殊监管区域

经济特区是肯尼亚参考中国以及南非、埃塞俄比亚等非洲国家深化经济制度改革，加大对外资吸引力度，培育国家现代化建设全新的增长点的重要举措。2015年9月，肯尼亚国会批准《经济特区法案》，并于同年年底正式实施，标志着肯尼亚正式成为东共体范围内第一个正式大规模建立经济特区（SEZ）的成员国。该法案对经济特区的性质、内容、职能和发展规划，作出了较为详细的规定。根据法案的规定，经济特区将是肯尼亚承接和推动国际产能合作的先导区，是支持"2030愿景"全面实现的关键性支柱。肯尼亚政府将优先将新进外资全面导入经济特区，入驻特区的外企和外资享受全面的优惠政策，包括免除增值税、20年内减免公司所得税等。此外，法案还将授权成立专门的经济特区管理局，同时配备一站式的服务中心，邀请涉及外资管理的各个部门派驻职能人员，为特区内的外企提供一站式的服务，能够便利地完成许可证、批文的申请，同时直接就其他相关事宜对接相应的政府部门。在经济特区投资企业的财产权将被充分保护，不会被国有化或征收；

所有资本和利润都可自由汇回本国，不受外汇管制的约束；工业产权和知识产权将受到保护；所有产品及服务可遵照东共体的海关法在关税区内出口及出售。同时，所有获得经济特区牌照的企业、开发商及运营商将享有全部税种的豁免，并获得不超过所有正式雇员人数20%的工作签证，特殊行业还可在经济特区的推荐和支持下，从劳工部门申请超过20%的额外数量工作签证。在目前的肯尼亚对外经贸合作框架中，经济特区是开放层次最高的特殊区域，是推动一个区域步入高质量发展的关键。在肯尼亚的总体规划之中，内罗毕、蒙巴萨、基苏木等中心城市，均规划建有经济特区，并围绕经济特区规划了新城镇和配套上下游产业的集聚区，未来有望成为撬动当地实现产业转型升级和城市化进程加快发展的催化剂[1]。

除了谋划建立经济特区之外，肯尼亚还在不断加大原有出口加工区（EPZA）的转型升级，将其打造成为能够承接对外合作的改良提质版本的"经济特区"。出口加工区是20世纪90年代，肯尼亚为推动经济体制改革，大幅度吸引外资，而设立的海关特殊监管区

---

[1] Special Economic Zones in Kenya, Vision 2030, https：//www.kip.or.ke/wp-content/uploads/2018/10/1_ICPBF_MoITC_Special-Economic-Zones_Robinah-Mwenesi.pdf#:~:text=The%20Kenya%20vision%202030%2C%20envisions%203%20world-class%20Special，km-%20%28to%20create%201%20million%20new%20jobs%29.%203.

域。国会批准通过的《出口加工区法案》鼓励出口导向型企业在加工区内投资,希望通过发挥其"境内关外"的特殊优势,吸引生产性的资本投资,引进先进技术,创造劳动就业,促进相关配套设施的发展和出口的多元化。自《出口加工区法》颁布实施以来,肯尼亚先后在全国设立了72个出口加工区,基本覆盖主要交通线上的重要城镇。这些区域目前都以私营资本运管的形式来维持,各自侧重的产业布局规划不尽相同,规模大小也差异较大。目前规模最大,成效最为显著的代表,是位于内罗毕东郊的阿希河出口加工区,主要承接服务于内罗毕的国际商贸物流、小商品制造、仓储等行业。与经济特区一样,入驻出口加工区的企业也享受诸多优惠政策支持,比如给予初始投资额的100%投资减让,期限为20年;入区头十年,免征所得税、印花税、预扣税,关税返还,等等。此外,在出口加工区内还设有海关办事处,以及出口加工区管理局,为投资企业提供注册登记及完善的基础设施和日常管理一条龙服务,包括已平整过的土地、已建成待租的厂房、供电、给排水、道路交通、清洁卫生、24小时保安等[1]。肯尼亚还计划在已有出口加工区实施经济特区。目前,肯尼亚政府一方面计划在全国范

---

[1] Export Processing Zones Act, 1990, http://kenyalaw.org/kl/fileadmin/pdfdownloads/Acts/ExportProcessingZonesAct_ Cap517. pdf.

围内大力推广出口加工区制度,将更多的地区直接纳入对外合作的体系,另一方面进一步提升一些效益和业绩较好的出口加工区的功能和规模,鼓励区内承接的产业进一步多元化,辐射带动国内产业的升级转型。从20世纪90年代设立至今,肯尼亚全境内72家出口加工区发展迅速,大量的食品、服装加工企业入驻,其中很多企业生产的产品都能够直接享受《非洲机遇法案》《科托努协定》的优惠政策,直接出口欧美市场。目前,这些出口加工区有效地实现了国外资金、技术与本地劳动力的结合,为肯尼亚居民提供的工作岗位超过5万个,对全国出口的贡献率超过10%。在中肯经贸合作中,部分中国企业也入驻了阿希河、蒙巴萨的出口加工区,取得了较好的发展业绩。

在肯尼亚的未来发展规划中,经济特区和出口加工区将构筑起高低搭配的格局,共同为国际产能合作的落地,提供隆起的发展高地。除此之外,为顺应东非区域经济一体化,肯尼亚还结合东非国际陆路通道建设,在东非第一大港蒙巴萨港、拉穆经济走廊起点拉穆港、维多利亚湖沿岸的基苏木,规划建设大型的自由贸易区,主要打造辐射周边非洲国家的转口贸易自由港。如果这些计划能够全部实现,在非洲自由贸易区建设的大背景下,肯尼亚深化对外开放与提升承接国际合作能力的优势,将得到进一步的体现和加强。

三　中肯产能合作的典型案例

中肯产能合作是推动新时代中肯关系不断迈向纵深发展的重要推动力。在共建"一带一路"倡议的基础上，中肯两国近年来在基础设施建设、产业园区发展、产业转移等多个方面，取得突出成就，为中非产能合作的全面深入发展，提供了坚实的基础和强有力的支撑。

（一）蒙内铁路：投建营一体化助力肯尼亚建设

蒙巴萨至内罗毕标准轨铁路，简称蒙内铁路，全长近500公里，2017年5月底建成通车，是"一带一路"倡议框架下中国与非洲国家开展的规模最大的合作项目之一，也是非洲自摆脱殖民统治以来与中国开展的最大规模的合作项目之一。蒙内铁路的顺利开工建设以及如期建成通车，标志着中肯、中非合作迈上了一个新的高度。无论是在建设阶段还是开通运营后的阶段，中国充分利用其改革开放四十多年取得铁路技术成就，全面服务于肯尼亚的现实发展需求，为肯尼亚提供了突破资金、技术、人才、装备障碍的有力支持，创造了一个又一个奇迹，将蒙内铁路塑造成为新时代中肯两国友谊的丰碑。

1. 全方位深化的中肯合作

（1）中肯融资合作

缺少充足的资金支持，不仅是长期制约肯尼亚铁路建设的障碍，也是蒙内铁路顺利修建所必须克服的首要障碍。中国的参与有效地解决了肯尼亚面临的融资难问题。根据中国与肯尼亚达成的蒙内铁路建设协议，中方将参与铁路建设的融资环节。2013年8月19日，肯尼亚总统肯雅塔访华期间，与中国国家主席习近平一起见证了中肯两国签署蒙内铁路融资备忘录。根据相关协议的内容，中国进出口银行将承担蒙内铁路90%以上的融资贷款，约36亿美元，其余约10%的约3亿美元融资由肯尼亚承担。2014年3月25日，中国进出口银行正式批复蒙内铁路项目的贷款评审，36亿美元的融资支持将以16亿美元的优惠出口买方信贷和20亿美元的自营贷款方式提供给项目建设。2014

年 5 月 11 日，中国国务院总理李克强访问肯尼亚，并与肯尼亚以及其他东非国家领导人共同见证了蒙内铁路融资协议的正式签署；2014 年 12 月 12 日，中国进出口银行提供的第一笔贷款正式到位，这一天也被肯尼亚政府确定为蒙内铁路正式动工的日期。为积极配合中国进出口银行的融资支持，肯尼亚专门设立相应的海关税种基金，并拨付相应的政府财政收入，负责为蒙内铁路建设提供其余 10% 的融资支持[①]。

中国在融资方面的大力支持有效地解决了肯尼亚在推进铁路建设所面临的融资难的问题，妥善地化解了肯尼亚因铁路建设一次性出资过大而对经济发展可能造成的消极影响，是确保了蒙内铁路从图纸上的规划转变为现实的重要前提条件之一。也正是由于中方分担了绝大部分的融资压力，肯尼亚才得以较为轻松地完成其余的融资工作，从而能够按照工程进度推进，按计划筹措和支付相关的资金和费用。正是得力于中国进出口银行、肯尼亚自筹资金的准时按计划支付，蒙内铁路才能在充足资金的支持下得以顺利和快速的推进。铁路全线开工后的第二年，即 2015 年底，各个标段的路基、桥梁等线下工程逐步完工，线上的轨排铺架工作陆续展开。2016 年 10 月，在所有的线上工程

---

① 邓延庭:《"一带一路"倡议引领下的东非现代化铁路互联互通建设》,《西亚非洲》2019 年第 2 期。

完成之后，蒙内铁路静态验收工作开始启动；2017年2月15日，铁路全线启动动态验收工作，至4月15日初步完成所有验收工作。2017年5月16日，专家评审组开始对蒙内铁路展开安全评估，至5月25日完成所有相关的安全评估报告。从2017年5月11日至5月31日，作为建设方的中国路桥逐步向作为业主的肯尼亚铁路局移交蒙内铁路固定资产以及相关档案资料。2017年5月31日，蒙内铁路正式开通运营。正是得益于中肯双方合作解决融资难的问题，蒙内铁路从全面开工建设到正式通车运营只用了约两年半的时间，相较于原计划工期提前了18个月，创造了东非地区乃至整个非洲铁路建设史上的神话。

（2）中肯技术与装备合作

蒙内铁路完全采用中国国家铁路I级标准，客运列车设计最高时速每小时120公里，货运列车设计时速每小时80公里，为单线内燃机牵引，年设计货物吞吐量达到2000万吨，是中国目前在非洲建成或者在建的铁路项目中技术规格标准最高的一条普速铁路。肯尼亚全面采用中国技术标准作为其历史上首条现代化标准轨铁路的技术标准绝非偶然，而是源于对中国改革开放四十多年来在铁路技术的各个领域中所取得的成绩的充分信任。中国拥有世界上最为丰富和成熟的铁路建设经验、世界上最为繁忙和高效的铁路网的运营和管理经验、利用铁路建设成功拉动国民经济和社会发展的成功经验。这三点决定了以中国铁路建设和运营为基础的铁路技术标准和产品已经是被中国改革开放四十多年来的发展实践证明过的成熟、可靠的产品。作为中国铁路序列里技术等级最高的普通铁路，中国 I 级标准铁路凝结了中国近年来在铁路各个专业领域中所取得的技术成就，完全能够满足肯尼亚对于现代化铁路运输的需求。经过肯尼亚方面的认真评估，专家们认为中国国铁 I 级标准不仅成本适中，而且能够满足肯尼亚当前以及未来可预见时期内的运输要求，是一套成熟、可靠的铁路技术标准，并最终确定蒙内铁路采取中国国铁 I 级标准。2011 年 1 月 23 日，肯尼亚最终批复了按照中国标准编制的蒙内铁路的项目可行性研究报告，标志着中国铁路标准正式落户肯尼亚第一条现代化标准轨铁路项目。

以机车车辆等机械装备为代表的线上部分是中国标准融入蒙内铁路的又一个主要领域。根据可行性研究报告的规定，蒙内铁路将向中车集团戚墅堰公司采购东风 11、东风 8B、东风 7G 型内燃机车分别作为客运列车和货运列车的牵引动力以及沿线各个场站的小运转、调车作业的牵引动力。中车戚墅堰公司在尽可能多地采用中国铁路原型机车的技术的同时，还根据肯尼亚热带草原气候及环境特点，对这三种出口肯尼亚的内燃机车作了适应性的技术改进，不仅有微机自动控制及各项保护功能，同时配置视频监控与防火保护装置、远程监控与诊断系统，确保符合客户需要和线路要求，满足运行条件。为了减少对铁路沿线野生动物和居民的影响，三种内燃机车分别升级了制动系统，能够确保在突发紧急情况之时，在标准规定距离紧急制动及时停车。内燃机车在噪声、排放等方面充分结合了中国现有的技术标准和肯尼亚的环保需求。机车的驾驶舱采用的是标准化的司机室，结构设置成熟合理，便于肯尼亚司机迅速熟悉，熟练操作。驾驶室内的硬件设施配置齐全，里面安装了冰箱、空调、桶装水饮水机、微波炉和真皮座椅，提升了司乘人员工作环境的舒适性。此外，三种内燃机车还都配备了符合中国国家铁路 TB/T2541 标准的防撞结构和防爬结构，有效提升了司乘人员的安全性。总之，作为中国铁路全产业链走进肯尼亚的代表性装备，这三种型号的内燃机车充分体现了中国标准、中国技术、中国速度，满足蒙内铁路如期开行客货运列车的需求，其中东风 11 型内燃机车担当了蒙内铁路通车后肯尼亚总统肯雅塔乘坐的首趟总统专列的牵引任务。

(3) 中肯人员培训合作

为确保蒙内铁路建设严格按照工期要求推进，中国路桥在一方面强调推动项目管理全面实现本土化，另一方面在如何提升业已实现本土化管理的各项目的工作效率上狠下抓手。面对绝大多数都是肯尼亚本地员工的施工建设队伍，提升工作效率的根本着眼点在于如何对当地员工加强培训，使其能够较好地学习和掌握中方人员的技术和规则，进而使之具备能够在中方技术人员的指导下开展工作，或者是与中方技术人员联合开展工作，甚至是完全独立承担某个具体工种的能力，从而更好参与蒙内铁路建设，真正实现肯尼亚人建设肯尼亚的铁路的目标。

总体而言，根据不同工种分工协作、建设和运营齐头并进等要求，中国用工单位主要在三大层面上开展对肯尼亚本地员工的培训工作。

第一个层面的培训工作主要集中在各类工种的一线工作岗位上。这类培训主要由蒙内铁路项目实施过程中各个项目经理部负责具体承担，培训对象通常是具体承担某些工种的当地技术工人，培训模式通常是以定期或不定期举办的短期讲座或培训班为主，培训的目的是让受训人在较短时间内掌握某项工种的具体操作程序。具体而言，这种类型的培训主要在以下三个层级具体开展。

其一，各个项目部自己开展的培训工作。这类培训工作通过充分发挥中方管理人员在技术方面的优势，由中方人员举行课堂讲座或者现场授课的模式，就施工过程中某项具体工种遇到的某类操作问题或者技术难题进行细致的解释说明，并且提供和告知相应的解决方案，确保当地员工能够在实践层面上真正掌握针对这类问题的操作要领和注意事项，同时能够做到举一反三，可以应对类似问题的再次出现。在蒙内铁路修建的全过程中，这类培训是举行次数最多、频率最高、涉及人员范围最广，同时也是直接收效最为明显的培训类型。

其二，项目部与所在地区的当地专业培训机构合作，通过联合办学的方式，建立相应的人才培养和储备基地。培训以现场的实际操作技能为主，理论学习为辅助的方式开展，同时充分结合参加培训的各个本地学员的受教育背景以及学习能力的强弱，组建各类专业的培训班，因材施教，强化培训。在培训中，中方技术人员担任培训的导师，肯方培训机构的相关人员担任助教，以肯方参训人员与中方技术人员"结对子"的方式拜师学艺。中方技术人员负责对肯尼亚参训人员的专业技能进行相应的指导、培训并组织相应的结业考试，以中国师傅"传帮带"的形式确保当地学员真正学到知识和技术。较具代表性的人才培养基地包括2015年6月由蒙内铁路第二标项目部与瑞尼德斯卡特培训机构在泰塔塔维塔郡（Taita Taveta）合作成立的培训基地。

其三，充分利用中国在铁路技术领域的高等教育资源开展培训工作。作为深入推进中非交流的重要举措之一，中国商务部每年都会出资组织包括非洲国家在内的广大发展中国家的专业技术人员赴中国学习和培训，以拉动受训人员所在国的能力建设。中国路桥蒙内铁路项目部充分利用商务部的培训机制，从各个项目经理部推举的优秀本地员工代表中择优选拔，分批次派遣到中国相应的高等院校中进行短期专业技能培训。从2015年起，蒙内铁路项目部陆续开始向中国派出肯尼亚学员，其中2015年总共选拔出16名当地雇员，前后分四批次前往中国西南交通大学进行短期技术培训。2016年的派出计划仍然以2015年度的为基础，选拔出16名优秀的当地雇员，共分四个批次前往中国西南交通大学。

在蒙内铁路施工的两年多时间中，以上三种类型的培训工作总计培训肯尼亚当地员工2.8万人次，为各个标段的具体施工工作培养了充足的技术工人，为保证各个标段严格按照工期进度组织生产，保质保量地完成所有建设工作，奠定了坚实的基础。

第二个层面的培训的主要目的是培养专业的铁路技术工人。随着蒙内铁路的线下、线上施工工程陆续进入尾声，中国路桥蒙内铁路项目部将当地员工的培训重点从参与铁路建设转变为支撑铁路开通后的正常运营。相比第一个层面上的培训工作，第二个层面上的培训工作主要具有以下两个方面的特点：

其一，培训工作更加突出与铁路运营的密切关系。由于第一阶段的培训工作处于铁路的线下和线上建设时期，因而培训工作的主要内容往往是涉及与土木工程建设相关的专业技术工种和岗位，与铁路运营本身往往没有直接的联系。随着工作重点由铁路建设转向迎接铁路开通运营，中国路桥蒙内铁路项目部严格参照国内铁路正常运营的基本要求，按照机务、车务、车辆、工务、电务五大部门的专业化操作规程，逐步培养出能够完全胜任铁路运营工作的专业化本地人才。

其二，培训工作对专业技能的要求要更为严格。由于铁路运营工作将涉及以高速运行的客货运列车为核心的五大部门的协同配合，工作质量的良莠将直接影响到日后铁路行车的安全，因而对员工的专业化素质要求更高。在本层面的培训中，一方面是体力工种的数量急剧减少，另一方面是直接涉及机械设备操作的岗位越来越多。本地员工要逐步学会与内燃机车驾驶、机车车辆维护保养、路基与轨道病害的发现、通信调度等工作密切相关的各种专业技能，成为专业技术素质过硬的铁路工人。

在人员的具体培训过程中，中国路桥蒙内铁路项目部主要通过以下两种具体的途径加强肯尼亚本地专业铁路技术工人的培训。

其一，针对那些对专业技能要求较高的工种，项目部直接选拔当地优秀的员工赴中国进行短期专题学习培训。较具代表性的是2017年1月赴中国学习的肯尼亚首批女性内燃机车驾驶员。2017年1—3月，由项目部选派的7名女学员在宝鸡铁路技师学院接受专业强化培训，学习东风8B和东风11型两种内燃机车的驾驶技术。学习期间，学校不仅为学员们设计了丰富的理论课程学习，而且安排她们到中国铁路运营中的同型机车上参观和实习，确保其全面掌握各种相关专业技能。学成返回肯尼亚之后，这些女学员借助蒙内铁路联调联试的契机，直接驾驶内燃机车上线运行，通过实践巩固和提高所学技能，并最终全部成功获得正式驾驶中国制造的内燃机车的资质。2017年5月31日蒙内铁路举行正式通车典礼时，这7名女学员承担了驾驶首批正式开通运营旅客列车的历史性重任。

其二，对于其他类型的工种，项目部主要采取在肯尼亚举行培训班的方式强化对当地员工的培训。随着蒙内铁路的重点逐步由土建工程建设转向各个单元的联调联试工作，机务、车务、车辆、工务、电务五大部门的中国技术人员逐步到位并陆续接管设备开展工作。项目部抓住这一有利时机，充分结合铁路建设过程中所形成的各种行之有效的培训机制，以逐步启用的各个车间为培训主战场，以中国技术人员现场授课为主要形式，辅之以肯尼亚当地培训机构合作参与的形式，对当地员工进行专业强化培训。中国技术人员除了对当地员工采取集体授课讲授理论知识之外，主要的讲授形式仍然是与当地员工结成相对固定的"师徒对子"，通过在实践操作中的"传帮带"模式来确保当地员工的学习质量。在中国技术人员的指导下，肯尼亚当地员工不仅学到了中国师傅传授的相关专业技能，而且通过全程参与蒙内铁路联调联试工作积累了宝贵的实践经验，为确保铁路如期正式建成通车，作出了不可替代的重要贡献。

截至蒙内铁路正式通车之前，项目部已经顺利完成五大部门的当地员工的培训，在肯尼亚历史上首次培养出了能够支撑现代化标准轨铁路运营的现代铁路工人。这些在蒙内铁路建设和联调联试过程中成长起来的专业技术人员，未来将成为确保蒙内铁路正常运营，充分发挥其应有的社会经济效益的骨干技术力量。

第三个层面的培训主要是通过在肯尼亚设立专业的铁路工程高等教育课程，为蒙内铁路未来的发展提供高素质的本地专业人才。由于肯尼亚国内尚未建立起完整的工业体系，加之从来没有运营现代化标准轨铁路的历史和经验，因而其国内不仅缺乏能够有效支持铁路建设与运营的相关的铁路工人，更是缺乏能够承担完整铁路体系建设的高素质专业人才，目前肯尼亚全国的高等教育系统中尚未建立任何一个有关铁路工程的专业。前两个层面上的培训在一定程度上解决了铁路工人的缺乏的问题，但由于受训人员教育背景参差不齐，加之培训本身多带有短期和临时的性质，而且培养的方向更多地侧重于实践层面的具体技术操作，因而只能暂时性地解决相关专业人员匮乏的状态。无论是在蒙内铁路的建设还是运营过程中，前两个层面培养出的铁路工人在执行具体工作层面上仍然无法完全摆脱中国技术人员的指导和帮助，本质上仍然是在由中国技术人员主导的体系下开展工作。因此，在目前的状态之下，肯尼亚当地员工尚不具备独立承接铁路运营的重任。

为了妥善解决肯尼亚缺乏高端铁路人才的局面，不仅满足铁路开通运营后对大量高素质铁路专业技术人员的需求，同时也确保肯尼亚的铁路工程技术人员未来能够全面接手铁路的运营和管理，并且维持铁路的高效运转，中国路桥蒙内铁路项目部积极与中国、肯尼亚相关的高等教育机构对接，计划以三方合作的形式在肯尼亚设立铁路工程专业。根据设想规划，中国路桥将与以内罗毕大学、肯雅塔大学为代表的肯尼亚高等学府合作，在高校教学体制内新增铁路工程专业，面向肯尼亚全国招生。以西南交通大学、北京交通大学为代表的中国高校将在师资、教学仪器、教材编纂等方面予以对口专项支持，蒙内铁路的运营和管理部门将为就读该专业的学生们提供对口的实习部门。目前，该三方合作的项目实施计划已经分别获得中肯两国相关部门的认可，正在逐步转向实际执行的操作阶段。毋庸置疑，如果这项合作计划能够顺利实施，肯尼亚有望在未来5—10年内逐步破解缺乏高素质铁路专业技术人员的瓶颈。

2. 蒙内铁路建成的重要意义

（1）践行了投建营一体化的理念

根据中国与肯尼亚两国之前达成的协议，蒙内铁路将采取建营一体化模式，即由承建铁路建设的中国路桥负责铁路开通后初期的运营和管理工作。建营一体化的解决方案可以有效避免肯尼亚因缺乏运营和管理现代化标准轨铁路的经验而可能导致的运输效率低下的问题，通过系统导入中国铁路成熟的运营和管理模式，让以车辆调度、行车组织等为代表的中国标准软件服务与以内燃机车、通信设备为代表的中国标准硬件设备实现有机融合，确保蒙内铁路在正式开通运营后能够像中国铁路一样保持高效率的安全运转，从而使之在尽可能短的时间内发挥其应有的社会和经济效益。

在蒙内铁路施工期间，随着铁路建设的重点逐步由线下路基施工过渡为线上轨道铺设与信号设备安装，中国路桥提前一年开始积极负责筹备组建专业化的运营团队，招聘对象主要是在中国国内的十八个铁路局（集团公司）的机务、车务、车辆、工务、电务五大核心部门拥有长期工作经验的专业人员，为项目部尽快实现工作重心由铁路建设向铁路运营的转变奠定了基础，确保能够按进度在2017年年中全面接管铁路的运营和管理工作。至2017年2月全线静态验收工作结束前，项目部已经基本完成组建运营和管理部门，为迎接全线联调联试工作的顺利开展以及铁路的如期通车提供了充足的人员和技术保障。随着联调联试工作的圆满结束以及专家评审工作的顺利通过，至2017年5月中旬，蒙内铁路已经完成开通运营的所有准备工作，既有条件满足随时开通运营的要求。2017年5月30日，即蒙内铁路正式开通运营的前一天，中国路桥与肯尼亚铁路局正式签署了有关蒙内铁路初期运营和管理的合同。根据合同规定，肯尼亚铁路局作为业主，向外承包蒙内铁路通车后初期的运营和管理权；中国路桥与全球知名承包商澳大利亚约翰·霍兰德（John Holland）公司组成国际联合体作为承包人，全面接管正式通车后的蒙内铁路，有效期为10年。在此期间，中国路桥将以运营＋管理（O&M）的模式为基础，为肯尼亚铁路局提供便捷、高效、完整的现代化标准轨铁路一体化运营管理服务。此外，根据合同的相关规定，作为业主的肯尼亚铁路局将和作为运营方的中国路桥以合同为基础明确各自的权利和义务，通过有效整合资源形成强大合力，通过创新机制激发铁路运输活力，通过市场开发增强蒙内铁路品牌的吸引力[①]。

蒙内铁路正式开通运营后，运营部充分结合肯尼亚的实际情况以及中国铁路的运营管理经验，按照机务、车务、工务、电务、车辆五大核心部门体系的分工与协作，将472公里铁路正线沿线的人员和设备进行有效整合，以最大限度发挥现代化标准轨铁路生产效率为根本指导原则，总共设置了19个各类生产车间：设立6个运输车间，其中5个运输车间设在沿线的大型车站，分别为赖茨港（Port Reitz）站、沃伊站、姆蒂托安代（Mtito Andei）站、埃马力（Emali）站、内罗毕终点站（Nairobi Terminus）等车站。这5个车站属于运营部直接管理的大型车站，属于区段内人流和物流的重要集散点，也是未来铁路组织客货运输的重点开发市场；5个车站分别负责领导临近其他小型车站，在行政管理、运输业务上予以相应的指导。除

---

① 邓延庭：《"一带一路"倡议引领下的东非现代化铁路互联互通建设》，《西亚非洲》2019年第2期。

了在 5 个大型直管站设立运输车间外，运营部还设立一个客运车队运输车间，由其管理的列车员负责执行每天从内罗毕、蒙巴萨始发对开的客运列车的乘务工作。

设立 3 个机务车间，分别为内罗毕运用车间、内罗毕维修车间、赖茨港机务折返段。内罗毕运用车间主要负责每天在内罗毕终点站牵引始发和终到客货运列车的内燃机车，以及由内罗毕终点站前往内陆集装箱无水港的小运转调车机的调度和派遣工作，不仅是蒙内铁路西端的机车调度中心，也是全线机车运用的核心部门；内罗毕维修车间全权负责蒙内铁路上运营的东风 8B、东风 11、东风 7G 三种干线内燃机车以及工务部门使用的轨道作业牵引车的日常维护保养以及定期检修任务，确保铁路的牵引动力时刻保持在稳定可靠的状态；赖茨港机务折返段主要负责由内罗毕方向驶来终到蒙巴萨西站的客运列车机车以及终到赖茨港站的货运列车机车的解挂、修整、折返任务，同时承担调度和派遣牵引由蒙巴萨始发前往内罗毕方向的客货运内燃机车，是与内罗毕运用车间遥相呼应的东端机车调度中心。

设立 2 个车辆车间，分别为内罗毕运用车间、内罗毕维修车间。内罗毕运用车间主要负责每天在内罗毕终点站始发、终到的所有客运列车、货运列车的编组、出库、入库工作；内罗毕维修车间主要负责包括一等座车、二等座车、餐吧车、行李车、空调发电车在内的共五种型号的25G型客运列车车厢，以及包括C70E型敞车、P70型棚车、X70型集装箱平车、NX70型集装箱平车、X2K双层集装箱运输车在内的共五种型号的货运车厢的检修任务，是承担全线车厢维护保养的神经中枢。除此之外，两大车辆车间在内罗毕终点站、赖茨港站设立列检作业场，负责始发和终到客货运列车的转向架病害的初检工作。

设立6个工务保养车间，分别为内罗毕综合车间、内罗毕维修车间、埃马力维修车间、姆蒂托安代维修车间、沃伊维修车间、赖茨港维修车间。内罗毕综合运用车间负责全线工务维修的统一指导和调配工作，是全线工务部门的核心。其他5个维修车间负责各自管辖范围内平均120公里路段内的铁路养护与维修工作，及时发现并修复线路因各种原因导致的病害，全力确保客货运列车的行车安全。

设立2个电务车间，分别为内罗毕综合车间、赖茨港维修车间。作为分布在蒙内铁路东西两端的电务部门，两大车间负责全线供电保障工作，对于确保各个车站的正常调度，通信信号的正常工作，发挥着不可替代的作用。

经过半年多的正式运营，2018年1月16日，肯尼亚铁路局正式向蒙内铁路颁发铁路运输许可证。这代表着经过半年多的详细与全面的考察与评估，肯尼亚交通运输行业不仅对由中国路桥承建的蒙内铁路的建设质量表示完全的肯定，而且也充分认可中国路桥拥有运营好、管理好蒙内铁路的能力。随着运输合格证的正式颁发，肯尼亚铁路局与中国路桥的合作关系进入新阶段，蒙内铁路也将由此逐步步入黄金发展阶段。

（2）探索了发展建设与环境保护的平衡

肯尼亚野生动物资源丰富，境内多样化的野生动物不仅成为肯尼亚对外宣传的一张靓丽的名片，也是外部世界认识非洲大陆的代表性符号之一。正因为如此，肯尼亚国内各界人士，从国家政府到新闻媒体，从非政府组织到个人，都对野生动物保护予以高度关注。在蒙内铁路开工建设之前，肯尼亚国内曾有大量的质疑甚至是批评的声音，认为铁路建设将会给沿线的生态环境，特别是对野生动物的栖息和迁徙产生严重的不良影响。

由于成本控制和技术有限等因素的制约，英国殖民者于19世纪末开工建设的米轨铁路在穿越沿线的纳库鲁、察沃等野生动物聚居区时，只是简单地采取修筑路堤的方式通过。这种平面交叉方式的弊端非常明显，修筑在地面的铁路路堤通常会阻断野生动物的迁徙通道，导致大量野生动物需要翻越铁路进行迁徙。

因此，当野生动物在窄轨铁路沿线出没时，特别是当进入野生动物大量迁徙的季节时，往往会出现大量动物侵入铁路行车范围内的现象，造成野生动物与客货运列车争抢铁路空间的情况。而在这种局面之下，部分野生动物因为躲闪不及而被列车撞死或撞伤的情况也是屡见不鲜。除此之外，由于米轨铁路与动物聚居区同在一个平面之上，列车通过时带来的噪音以及烟尘污染往往也会对沿线的野生动物的正常生存造成极为不利的影响。米轨铁路对沿线环境的消极影响也成为肯尼亚各界担心蒙内铁路的主要论据。

因此，中方在设计和建设蒙内铁路的过程中，始终以肯尼亚强化野生动物保护为主要着眼点，从中国国内铁路建设所积累的丰富经验出发，力争将蒙内铁路建设成为一条生态与环保之路，为肯尼亚兼顾环境保护与国家发展提供了现实可行的解决方案。在线路总体设计走向方面，中方确保新建的蒙内铁路与既有的米轨铁路和A109国道呈大体平行的走向，即与后两者共用一个走廊。这样可以最大程度地利用米轨铁路和国道两侧已经征用的土地空间，尽可能减少蒙内铁路建设对沿线未开发土地的大规模征收，不仅可以大规模减少建设成本，而且可有效降低对周边自然环境的破坏。在铁路的具体走向方面，中方尽可能确保铁路不直接穿越野生动物聚居区，在条件允许的情况下，采取铁路绕行的方案，规避动物栖息地。在线路无法躲开自然保护区的情况下，中方结合青藏铁路格尔木到拉萨段以桥代路为藏羚羊等野生动物预留迁徙通道的方案，果断更改设计，放弃在内罗毕国家公园、察沃国家公园等野生动物聚居区建设路堤的计划，转而采取建设高架桥的穿越方案。通过引入以桥代路的通过方案，铁路不仅在高架桥下为野生动物的迁徙预留出充足的空间，而且将铁路行车空间与野生动物的生存空间进行错位布置，尽可能地降低了列车通过时所产生的噪音和废气对沿线动物的影响。

最具代表性的以桥代路工程当属察沃特大桥。当年英国殖民者修建米轨铁路时曾在此因惊扰了狮子而导致多名铁路建设工人葬身狮腹，并且延误工期达数月之久。如今在100多年前狮子袭击铁路工人地点的上方，中国建造的铁路高架桥穿越而过，列车通过此处仅需要一分多钟。以察沃特大桥为代表的创新设计是中国所拥有的丰富铁路建设经验与肯尼亚实际需求的具体结合的成果，它的出现确保了蒙内铁路能够按照原有线路走向设计，沿着察沃东、察沃西两大野生动物保护区交界处的中间地带通过自然保护区，避免了因额外绕行数十乃至数百公里而带来的资源浪费，而且有效地兼顾了当地社会对环境保护的强烈欲求，是一项兼顾经济效益与社会效益的创举。

从机车车辆方面来看，中国出口给肯尼亚的内燃机车以及客货运车厢虽然都来源于中国铁路成熟的机车车辆技术平台，但结合肯尼亚的环保需求进行了诸多技术提升或改造，是支撑蒙内铁路建设绿色环保之路的利器。为了减少内燃机车因燃烧柴油而带来的大量废气排放，中车戚墅堰对出口肯尼亚的三种内燃机车特别是东风8B型货运内燃机车的柴油机进行了相应的技术改造，有效提升柴油的燃烧效率，使机车在牵引同等质量的车厢的情况下可以减少10%的尾气排放。由于铁路需要从印度洋沿岸低海拔的蒙巴萨爬升到位于高原腹地的内罗毕，蒙内铁路区间遍布15‰以上的长大坡道，东风8B内燃机车需要由两台机车重连组合且满负荷开动才能够确保标4000吨的标准编组货运列车从蒙巴萨顺利运行到内罗毕。燃油效率的提升将确保内燃机车在爬上高原的运行过程中，特别是柴油机满负荷运转的过程中，大幅减少有害气体的排放，有效减少对铁路沿线的空气的污染。

蒙内铁路所使用的客运列车来源于中国铁路成熟的25G型客车，由中车浦镇负责制造。这些出口肯尼亚的客运车厢在全面继承中国铁路25G型客车的可靠性与实用性的同时，进行了诸多旨在强化环境保护的技术提升改造，较具代表性的是集便器的全面安装。长期以来，包括25G型在内的客运列车并没有安装集便器，厕所废水废物直接沿路直排，给铁路沿线造成了十分明显的生物污染。自青藏铁路格尔木到拉萨段开通以来，为了保护青藏高原上较为脆弱的生态环境，进入格拉区间的客运列车全部加装了集便器，杜绝了厕所污物沿途抛洒的情况出现。其后大规模投入运营的动车组同样全部加装集便器，有效减少了列车对所行驶过的普速铁路和高速铁路道床和沿线的生物污染。蒙内铁路客运列车加装集便器的方案是中国青藏铁路与高速铁路客车列车的技术创新与中国普通铁路客车技术相结合的产物，是利用中国成熟可靠的产品与环保科技相结合的方式服务肯尼亚铁路建设的典型范例。客运列车高速奔驰在蒙内铁路上之时，能够真正做到固体废弃物的零排放，有效避免了对沿线生态环境特别是野生动物聚居区的生物污染。

（3）为肯尼亚的经济社会发展注入动力

蒙内铁路通车一年以来，始终维持高效且安全的运营记录，客货列车开行密度稳步提升，客货运输总量屡创新高，社会各界的认可度与满意度不断提升，不仅逐步成为沿途居民出行的首要选择，而且塑造蒙巴萨至内罗毕黄金走廊的逐步成形。具体而言，蒙内铁路给肯尼亚社会经济发展带来的积极影响主要表现在如下方面：

其一，蒙内铁路的建成通车，有效地改变了蒙巴萨至内罗毕交通运输紧张的局面。蒙内铁路建成之前，蒙巴萨港不仅要负责肯尼亚以及东非内陆国家货物的海路转运，而且其配套的海关要承担全部进出口货物的报关和清关任务，因场地有限且承担的工作复杂，常常导致货物在码头的大量积压，成为导致交通运输拥堵的首要原因之一。加之港口的货物集散和疏解途径为与之相连的 A109 国道上的卡车运输服务，近年来港口货运吞吐量激增给本来就十分有限的国道公路资源带来越来越多的卡车，而由此引发的严重交通拥堵不仅使运输的效率异常低下，而交通运输的成本却连年攀升。

蒙内铁路通车后有效地改变了这种局面：从蒙巴萨港口减负方面来看，随着作为蒙内铁路西端配套工程的内罗毕集装箱内陆无水港于 2017 年 12 月投入使用，蒙巴萨港日后将只负责承担进出口货物的装卸船工作，以集装箱形式装载的货物的报关与清关工作划归新投产的内罗毕集装箱内陆无水港承担。蒙内铁路开通后，蒙巴萨港、内罗毕无水港共同分担货物进出口的局面开始形成，对于大幅减轻蒙巴萨港承担的繁重作业任务，有效减少货物在港口区域的滞留时间，具有明显的促进效果。从货物的运输方式来看，蒙内铁路正式开通货运服务之后，每日从赖茨港开往内罗毕无水港的集装箱专运列车开始逐步取代 A109 国道上的卡车，成为两地之间货物的主要运送方式。编组40节车厢的一列集装箱列车不仅一次性货物装载量接近同等情况下近50辆集装箱卡车，而且可以把货物在蒙内区间的运行时间从20个小时以上有效压缩至10个小时以内，安全高效地运抵目的地。

目前，蒙内铁路的集装箱班列开行密度已经从货运服务开通之处的日均一班提升至日均三班，逐步为沿线的货物运输释放出巨大的潜能。得益于以上两个方面的变化，无论是蒙巴萨港口的吞吐量、周转效率，还是蒙内区间的货物运输总量、运输速度未来都将随着蒙内铁路运能的进一步释放而得到显著提升，由此带来的最直为直接的积极性影响是物流将实现40%的降幅。

当前，在肯尼亚通过对外大力加强产能合作，对内大力加强产业园区建设来推动工业化和现代化发展进程的背景之下，物流成本的大幅下降将进一步扫除长期制约各类生产要素自由流动的障碍，增强肯尼亚国内市场的整体吸引力和竞争力，对于提升肯尼亚在东非乃至整个非洲产业链中的地位具有积极的推动意义。截至目前，肯尼亚已经在蒙内铁路沿线建设或规划布局了多个产业园作为推动工业化发展的先行先试示范点。这些园区将通过蒙内铁路与蒙巴萨、内罗毕两地的港口物流基地全面实现无缝衔接，共同将铁路沿线打造成为肯尼亚经济发展以及产业升级所倚重的黄金运输通道。

其二，随着蒙内铁路正式开通运营，铁路的各个部门成为对肯尼亚专业技术人员开展新一轮培训的主战场。相较于在蒙内铁路建设阶段各种形式的人才培养形式，蒙内铁路开通后更加注重对铁路专业人才的培养，为铁路的高效运转、安全运营提供必要的人才支持。

目前，蒙内铁路由中国路桥负责初期运营和管理，运营项目部面向中国国内铁路部门以及肯尼亚当地招收了相关的人员，其中以招收肯尼亚当地人员为主，作为参与蒙内铁路运营的员工。在各个生产车间中，项目部目前采取中国技术人员与肯尼亚当地员工搭配的模式，由双方人员合作承担具体的工作。这种合作关系包含两个层面的意思：一方面，中国技术人员与当地员工结成固定的"拜师学艺"的对子，其中，中方人员将结合具体工种的相关要求，以"传帮带"的形式将自身所掌握的专业技能知识讲授给当地的员工，并且要确保当地的员工能够真正掌握相关技术要领；另一方面，在各个工种的实际操作中，中方人员本着最终全面实现当地员工承担全部工作的原则，在当地员工学习掌握相关技术的基础上，确保在合作过程中将更多的实践操作机会交给当地的员工，使其逐步实现由"配角"向"主角"的转变，直至最后能够独立承担起全部工作。

蒙内铁路开通一年以来所取得的突出业绩已经证明，由中肯两国人员组成的合作模式不仅完全符合现代化铁路运营和管理要求，能够全面适应客货运输量快速发展的形势，确保了铁路长期高效、稳定、安全运营，而且满足了肯尼亚对本国人才培养的欲求，迄今已经确保了肯尼亚本地员工在各个生产车间和技术工种岗位上全面承担起各种工作重任。以客运车间的列车乘务员为例，在中方人员完成了针对相关专业技能的培训和初期带队实践后，完全由肯尼亚员工组成的6个列车乘务组目前不仅已经完全独立承担起任何一趟旅客列车上的所有乘务工作，而且全面承担了当前日均开行3对共6趟客运列车的全部乘务工作，是蒙内铁路所有车间和部门中最早和最快实现当地员工比例达到100%且能够独立承担专业技术工作的部门。其他部门的培训工作也分别进展顺利，当地员工目前已经可以在机务部门担任内燃机车副司机，在沿途车站担任值班站长，在车辆部门担任列检，等等。

蒙内铁路的运营和管理所培养出的大量本地铁路专业技术人才，将有效提升肯尼亚劳动力的素质和专业技能水平，进一步巩固现代化标准轨铁路作为本国专业技术人才培养基地和储备库的地位，不仅为肯尼亚日后全面承接铁路的运营和管理奠定了基础，也进一步提升了肯尼亚加强对外产能合作、承接外方产业转移、加快本国实现工业化和现代化进程的能力。

其三，蒙内铁路正式运营通车后，其快速发展的客运业务对沿线居民的出行方式产生了巨大的影响。在此之前，沿线居民主要通过窄轨铁路客运列车和公路客车出行，旅途时速慢、准点率较差、安全性较低是其最突出特点。

近年来，随着窄轨铁路客运服务的彻底关停，位于蒙巴萨、内罗毕两地的中高收入群体可以选择民航机出行，而广大普通收入民众特别是蒙内区间其他没有民航机场的城镇居民只能选择仅有的公路客运出行。由于蒙巴萨港吞吐量持续激增，A109国道上越来越多的货物运输卡车导致交通拥堵十分严重，致使公路大巴的运行速度、舒适性、准点率也在随之快速下降。加上价格并不便宜的票价，公路客运正在愈发成为性价比极低但却长期处于垄断地位的运输方式。

蒙内铁路通车后，每日开行的客运列车为沿线居民提供了价格适中、方便快捷、安全舒适的客运服务，其性价比远远超过相同区间的公路和民航客运，成为广受沿线民众追捧的出行方式。蒙内铁路客运服务的开通对沿线居民的日常生活产生了深远的影响，主要体现在两个具体的方面：一方面，蒙内铁路的开通给沿线居民出行带来了极大的便利。最初由蒙巴萨、内罗毕每日对开的一站直达特快列车为两地间的公务、商务、旅游客流提供了理想的出行方式，有效解决了过去一直存在的出行成本过高、旅途耗时过久的问题。尔后，随着客流的持续攀升，沿线其他客运车站陆续开通客运服务，并且增加开行了经停沿途大站的客运列车，破解了长期困扰沿线居民的出行难的问题。沿线居民的追捧造就了蒙内铁路在客运业务上的靓丽业绩，客运列车的平均上座率维持在95%的高水平，客运列车的开行数量由最初的日均开行一对，增加到目前的日均开行三对，目前已经实现发送旅客总量95万人次，超出了可行性研究报告中对客运量的计算和预测。目前，客运量已经成为蒙内铁路超额完成设计指标的第一项内容。

另一方面，客运列车的开行使沿线各地的旅客逐步养成了严格遵守时刻表的现代化出行习惯。无论是在窄轨铁路运输时代，还是在公路客运时代，由于火车和大巴的行驶速度较慢且准点率较低，因而沿线居民对时刻表的认识往往停留在非常模糊的阶段。由于蒙内铁路的列车严格执行时刻表运行，因而在开通初期频繁出现沿途乘客因为忽视时刻表而错过列车。随着蒙内铁路开通后在客运方面的金字招牌逐步打响，其高准点率的客运列车受到沿线居民的热捧。严格按照时刻表提前出行，为候车预留出足够的时间，正在成为越来越多沿线居民的出行习惯。因此，无论是出行便利程度的提升还是现代化出行习惯的逐步养成，蒙内铁路无疑给沿线居民的生活带去了切身的便利，使广大民众能够真正享受到肯尼亚现代化发展所带来的红利。

蒙内铁路的正式通车以及开通以来的良好运营业绩在一定程度上也带动了肯尼亚国内其他交通运输方式的发展。

在蒙内铁路运营通车之前，肯尼亚国内的陆路交通运输格局先后经历了之前以窄轨铁路为骨干的时代以及后来以国道公路运输为主的时期。但两者普遍具有运量小、时速慢、成本高、效率低、安全性差的问题，难以与现代化标准轨铁路相竞争和抗衡。蒙内铁路正式通车后，凭借其先进的技术和稳定的运营逐步改变了蒙内区间的陆路运输结构。这种改变并非是蒙内铁路将原先的两种交通方式以零和博弈的方式赶尽杀绝，而是在引导二者配合自己发展的过程中为其注入全新的发展动力。这种良好的互动局面目前已经在内罗毕、蒙巴萨两地的客运市场初见端倪。

在内罗毕，窄轨铁路的长途客运服务在多年前就已经关停，仅有的少数窄轨客运列车只偶尔负责承担近郊居民往来于内罗毕市中心的通勤服务。蒙内铁路的开通给窄轨铁路的近郊客运运输注入了全新的动力。由于铁路的终点站内罗毕南站位于市区外围，为方便市区乘客前来乘车，蒙内铁路运营部门与肯尼亚铁路局就实现两种轨距列车乘客的换乘达成协议。根据合作计划，肯尼亚铁路局将结合蒙内铁路客运列车到开的时刻表，安排开行往返于市中心内罗毕火车站与内罗毕南站之间的窄轨客运列车，负责为蒙内铁路接送到达或出发的乘客，实质上发挥市内轨道交通的作用。随着蒙内铁路开通后客运列车密度的逐步加大，窄轨铁路的近郊列车的日均开行数量和频次也随之水涨船高，开行准点率和营业收入较之前水平有了显著提升，目前已经成为蒙内铁路客运服务不可或缺的配套性项目，发展前景十分乐观。除了窄轨铁路的近郊客运之外，公路大巴的近郊客运也在随着蒙内铁路的开通而迎来发展新机遇。以蒙巴萨为例，由于蒙内铁路东端始发站蒙巴萨西站位于远离市区的丘陵之上，加之附近没有像内罗毕南站一样的平行的窄轨铁路，因此往来的乘客需要搭乘大巴车往返于火车站和市区之间。由于蒙内铁路客运开通后，由蒙巴萨通往沿途其他城镇的大巴运输量逐步受到冲击，部分大巴车主紧抓蒙巴萨西站配套通勤服务相对滞后的机遇，及时转型为通勤班车，为自身的业务发展寻找到了全新的增长点。随着蒙内铁路的客运量持续走高，蒙巴萨西站的通勤服务对大巴运输的带动作用也正在变得愈发明显。

从以上两个方面来看，蒙内铁路在改变肯尼亚国内既有陆路交通运输格局的同时，也在推动原有老旧、落后的交通运输方式在实现转型的过程之中获得全新的发展机遇。这种全新的搭配与合作格局的形成，对于指导那些在交通运输格局变化中受到蒙内铁路冲击的其他行业积极实现转型发展，具有很强的示范性意义。

（4）促进了东非铁路的互联互通

蒙内铁路所在的位置不仅是肯尼亚经济最为发达，人口最为稠密的地区，同时也是东非北部国际陆路通道的最东端，是乌干达、卢旺达、南苏丹等内陆国家通往印度洋出海口最为便捷的出行通道。根据肯尼亚的规划，蒙内铁路是以东非北部国际通道为基础构建东非现代化铁路网的重要组成部分和先导工程，未来蒙内铁路将进一步向西延伸，不仅彻底打通肯尼亚东西交通通道，而且预留向乌干达等国进一步延伸的条件。考虑到蒙内铁路已经在东非北部通道的咽喉路段先行发挥了"车同轨"的占位优势，其所使用的中国技术标准和经营管理模式将在很大程度上影响后续西延工程。就在蒙内铁路主体工程接近完工的2016年10月，作为蒙内铁路的西延工程，内罗毕至马拉巴（Malaba）现代化标准轨铁路，简称内马铁路项目一期工程举行开工典礼，标志着由蒙内铁路带动的东非铁路互联互通建设正式拉开了全面实施的大幕。

内马铁路与蒙内铁路一样，全面采取中国技术标准，由肯尼亚与中国路桥合作建设，是蒙内铁路向西的延长线。内马铁路南端接轨于蒙内铁路的西端终点站蒙巴萨南站，并与蒙内铁路在站内实现线路贯通，尔后由内罗毕向西北方向引出，至柯东（Kedong）后改向西延伸至隆戈多火山西侧，至奈瓦沙工业园区后折向西南绕过东非大裂谷西侧高地，转向基苏木方向行进；从奈瓦沙出发后，线路向西途经塞亚贝（Seyabei）、纳罗克（Narok）、博米特（Bomet）、索迪克（Sotik）、松杜（Sondu）、阿海罗（Ahero）至维多利亚湖东岸的基苏木；从基苏木出发后，线路向北途经布泰雷（Btale）、穆米亚斯（Mumiyasi）至边境城市马拉巴，预留与乌干达境内的新建铁路进一步接轨的方案。按照中国路桥与肯尼亚达成的建设方案，全长487.5公里的内马铁路将分三期实施，一期建设内罗毕至奈瓦沙路段，总长度120公里，二期建设奈瓦沙至基苏木路段，总长度250公里，三期建设基苏木至马拉巴路段，总长度118公里。其中，一期作为优先实施项目，二期项目适时启动，三期作为远期启动项目。

内马铁路一期总长度为120公里，其中路基、场站的长度为87.98公里，占全线总长度约73.3%。正线桥梁的数量为37座，总长度约23.96公里，占全线总长度的20%，其中最长的桥梁是为保护内罗毕国家公园生态环境而设计建造的大型高架桥，全程8.6公里，是全线的控制性工程。全线共建设隧道4座，总长度为7.8公里，占全线总长度的6.7%。2019年10月，内马铁路一期正式建成通车，与蒙内铁路贯通运营，从蒙巴萨港口出发的旅客与货物，可以沿着标准轨铁路，从印度洋畔出发，一路西行至大裂谷核心地带。此外，内马铁路的二期、三期也在有序推进。

蒙内铁路的顺利建设、通车为内马铁路的建设进行了必要的探索，积累了宝贵的经验。总体来看，内马铁路的建设目前是在全盘复制蒙内铁路在环保、用工等方面的设计和施工理念，实际承建各个标段的建设方基本上都是承建蒙内铁路的施工方。蒙内铁路当前的成功运营和管理模式，也奠定了内马铁路的运营和管理的基础。因此，在这些前提性条件的共同保证之下，内马铁路将和蒙内铁路一样，将成为一条环保、高效的现代化铁路运输通道。随着现代化标准轨铁路不断向东非内陆延伸，肯尼亚、乌干达、卢旺达、南苏丹等国实现铁路互联互通，建设东非现代化铁路网的宏伟战略规划也将随着蒙内铁路、内马铁路的相继建成通车而照进现实。

（5）有力支持肯尼亚抗击疫情

2020年年初，突如其来的新冠肺炎疫情席卷全球，肯尼亚成为非洲最先发现疫情，以及疫情形势较为严峻的几个国家之一。为有效阻断疫情传播链，肯尼亚政府采取了较为严格的封城令和社交距离管制的措施，导致全国跨郡县的长途运输体系几近瘫痪，国际航班和大巴服务中止，大量人员和物资出现滞留，失业形势严峻，肯尼亚国内市场与国际市场的联系面临被切断的风险。受此影响，蒙内铁路的客运也暂时停运三个多月，但货运在严格执行防疫政策的情况下，始终维持正常运转，成为常态化防疫政策下，全国唯一保持正常运转的长距离大运量运输方式。自"封城"政策实施以来到2020年4月中旬，是肯尼亚全国最难熬的一段时间，物资的瞬间匮乏导致很多人都没有做好充足的准备，就被疫情裹挟进生活困窘的旋涡。也正是在此时，蒙内铁路货运的不断行，为肯尼亚各地的人们源源不断地运送来生活和医疗物资，有效地缓解了物资匮乏给社会经济发展和安全稳定带来的巨大压力。据负责蒙内铁路运营的非洲之星铁路运营公司介绍，疫情最严峻期间，蒙内铁路同期共开行货运列车220列，发送货物16544个标准箱。运送消毒液、酒精等防疫物资共计52个标准箱，运输粮食732个标准箱，合计22143.6吨，有力地支持了肯尼亚全国，特别是首都内罗毕的抗疫工作。客运服务恢复之后，蒙内铁路率先恢复开行每天两对客运列车，确保了人员流动的大通道的畅通与安全。此外，正是由于蒙内铁路在疫情期间的稳定运行，全路的职工并没有出现大规模失业或离职的情况。不仅如此，作为运营和管理方的中方企业，也在不断加大铁路运管的本地化进程，合计实现123个工种的技术转移，为当地居民提供越来越多的工作岗位，成为深得肯尼亚人民信赖的标杆性项目。

此后，尽管肯尼亚疫情多次反复，政府的防控措施不断调整，但蒙内铁路的正常运转始终没有受到影响，并且愈发表现出在全国交通物流体系中的中流砥柱作用。截至2021年6月通车4周年之际，蒙内铁路共实现安全运营1500天，日均保持开行3对客运列车、8对货运列车的记录，常态化开行粮食专列和双层集装箱专列，累计运送旅客541.5万人次，发送集装箱130.8万个标准箱[①]。在2021年继续抗疫的背景下，蒙内铁路预计全年可完成旅客发送量180万人次，为肯尼亚的社会经济发展提供强劲有力的支撑。

蒙内铁路的成就和效应充分证明，基础设施的现代化不仅可以有效增强经济社会发展的内生动力，还可以充分提升对抗外部风险的适应能力。蒙内铁路，

---

① 《蒙内铁路安全运营1500天 助力肯尼亚抗击新冠疫情》，新华社，http://home.xinhua-news.com/rss/newsdetaillink/fe0912edee6e3a48a88587df2a24f820/1625882126109.

以及作为其西向延长线的内马铁路一期的成功，不仅使中肯产能合作成功有效地支持了肯尼亚的现代化建设，为后疫情时代的经济社会恢复，提供了有力的保障，同时也为其他非洲国家与中国开展类似的合作，展示了十分明显的广告示范效应。

（二）中国武夷：深耕肯尼亚建筑市场

中国武夷实业股份有限公司是福建建工集团总公司独家募集设立的股份公司，是一家以房地产业为基础，以投资开发为重点的大型企业。中国武夷在肯尼亚设有分公司，是进驻肯尼亚市场较早，业绩较为突出的中国国有企业之一。近年来，中国武夷紧抓"一带一路"倡议的有利契机，鼎力支持中肯两国的基础设施建设合作、产能合作，陆续承担了一系列重点工程的建设重任，有效地改善了肯尼亚当地居民的民生，是承担肯尼亚公路建设与推动中国产业落地当地市场的代表性企业。

1. 公路建设

A2 南起肯尼亚首都内罗毕，向北通往埃塞俄比亚南部重镇阿瓦萨（Awasa），不仅是连接肯尼亚与埃塞俄比亚唯一的国际通道，也是全非洲公路网中从埃及通往南非的国际陆路通道的重要组成部分，战略地位十分重要。尽管如此，由于冷战时期长期存在的意识形态对抗以及冷战结束后的地缘政治因素的影响，作为东非第一大经济体的肯尼亚长期以来并未将向北对接位于非洲之角次区域内的埃塞俄比亚作为主要的外交发展方向，加之 A2 公路所穿越地区大部分为干旱、半干旱的草原或沙化的贫瘠土地，特别是北部路段远离肯尼亚核心地区，常被戏称为"另一个国家"，因此整条公路多年来都没有受到足够的重视，不仅路面长期处于无人维护保养的状态，而且沿线的治安环境愈发恶化，抢劫袭击过往车辆的事件频繁出现。年久失修的道路加上恶劣的自然环境以及愈发恶化的治安环境，使这条路一度被人们称作"死亡之路"。

近年来，随着肯尼亚国内社会经济发展速度不断加快以及非洲区域一体化发展不断走向深化，肯尼亚迫切需要加强与周边国家在基础设施上的互联互通建设，A2 公路被当作向北的国际陆路通道予以重点建设，成为"2030 愿景"中规划建设的国家公路网的重要组成部分。A2 公路的现代化改造采取分段推进的形式，其中 2012 年启动的是公路的最北端部分，也是最后一部分，由肯尼亚境内的托比（Turbi）至肯尼亚与埃塞俄比亚的边境摩亚雷（Moyale），全长 129.63 公里。工程造价约为人民币 9.16 亿元，工期 36 个月，出资方为非洲发展银行和肯尼亚政府。该项目由中国武夷中标承建，是该公司目前在海外承接的规模最大的工程。工程完工后，该区间的公路将升级为 A 级公路，成为实现肯尼亚与埃塞俄比亚两国交通设施互联互通的桥梁。

中国武夷曾参与 A2 公路分段改造的南段工程，与中国水电、中国石化胜利油田等两家中国企业联合承建了从内罗毕至锡卡（Thika）的 A2 公路 50 公里路段的改扩建项目。经过这三家中国公司三年多的共同努力，最终于 2012 年完成全部工程项目。扩建后的内罗毕至锡卡路段采取高速公路标准，宽度由原来的双向四车道增加到双向八车道，确保车辆时速可以从每小时不足 60 公里提升到每小时 100 公里以上。内罗毕至锡卡路段不仅是 A2 公路全线标准最高的区段，也是肯尼亚国内公路网中标准最高的路段之一，广受当地民众的好评。中国武夷在内罗毕至锡卡路段的卓越建设成就为其在 2014 年再度中标 A2 公路北段的改造工程奠定了坚实的基础。

托比至摩亚雷道路改造项目是中国武夷再度承建 A2 国际公路的改建任务。作为 A2 公路全线条件最差的一段道路，中国武夷工程项目部在推进改造工程的进程中面临着诸多挑战：其一，既有道路主要为砂石路和土路，车辆通行条件较差，不利于承建方的大型筑路装备和运输车辆的高效率进出以及大规模施工的展开；其二，气候条件十分恶劣，每年自9月开始进入持续数月的大雨季，特别是2014年、2015两年，受厄尔尼诺现象的影响，大雨季的时间较往年更长，降水量高于往年同一时期的水平，不仅让施工人员和设备难以正常开展工作，而且频繁地冲垮已经建成的道路路基；其三，由于地区偏远，肯尼亚政府对当地的综合治理和管理能力相对薄弱，除了导致征地工作进度严重落后于预定计划，而且也无法有效应对工程沿线不容乐观的社会治安问题，施工期间频繁出现不法分子盗抢施工建材以及袭扰建筑工人的情况，在一定程度上妨碍了工程的正常推进。

在历经两年的不懈努力之后，中国武夷克服重重困难，再次给肯尼亚交上令人满意的答卷，A2国际公路通道托比至摩亚雷路段于2016年5月31日全面竣工通车。新修的道路全部为沥青铺设的A级平整路面，满足车辆行驶速度达到每小时60公里以上的要求。从托比至摩亚雷公路改建项目的竣工通车，标志着整个A2国际公路通道的现代化改造项目全面竣工，从内罗毕前往肯尼亚与埃塞俄比亚边境的公路行车时间由过去的三天压缩到现在的10个小时左右。中国武夷用按期交付的高质量工程证明了自身强大的工程施工技术能力和企业管理能力，用实际行动支撑了非洲国家间基础设施互联互通建设。

2. 建筑材料的研发与销售

（1）建筑材料的本土化生产

中国武夷践行"一带一路"倡议，实施中肯国际产能合作，打造高科技、节能、环保、优质的住宅产业化全产业链示范项目，是推动中国国内的优势产能落地肯尼亚的具体成果，也是立足于建筑行业市场，积极向上下游拓展的成果。近年来，肯尼亚经济社会都呈现出良好的发展势头，而由此带来的城市化浪潮也在成为伴随肯尼亚发展的一个不容忽视的现实问题。随着大量的人口涌入以内罗毕为代表的中心城市定居生活，势必对城市住宅的数量和质量都提出了更高的要求。中国武夷准确把握了肯尼亚城市化进程快速发展的机遇，以中肯两国全面深化产能合作为契机，投资建设建筑构件的生产工厂和相关器材的销售超市，着力通过优惠的产品价格和过硬的产品质量降低肯尼亚广大中低收入群体的住房成本，切实提高肯尼亚城市化进程的质量。

本项位于内罗毕市区东郊，紧贴内罗毕至蒙巴萨的 A109 国道，距离乔莫·肯雅塔国际机场以及新开通的蒙内铁路内罗毕南站、集装箱内陆无水港不远，交通位置十分便利。项目用地红线面积为 29.6 英亩，总建筑面积为 5.8 万平方米，总投资为 1 亿美元，由中国武夷负责投资、建设、运营的全部环节[①]。根据设计规划，本项目将是集装配式钢筋混凝土预构件、产业化部品部件等建筑工业化制造、研发、销售、展示为一体的现代化建筑产业工程，主要建设包括预制构件生产厂、制砖厂、建材超市、商务酒店、办公以及生活配套设施等内容。建材超市引入中国优质建材，结合中国武夷跨境电商，结合建筑工业化，专注于住宅的产业化，提供线上线下全方位的物流配送服务。项目全部建成投产之后，将从产品、服务、理念上为肯尼亚的建筑业带来革命性的变化。

混凝土建筑构件的专业化生产实质上是建筑模块化理念与工业流水化生产的有机结合。中国武夷通过建设混凝土构件的生产线，目的是将在发达国家日臻成熟的模块化建筑理念逐步引入城市化水平、建筑市场仍旧处于发育成长阶段初期的非洲国家。推进房屋建筑全面走向模块化具有十分重要的意义：其一，推动建筑部件的集中和批量生产，可以有效降低房屋的建设成本，进而使建成后的房屋销售和租赁价格大幅下降，相应降低广大中低收入群体的购房或租房成本。据测算，通过推进建筑物的关键部件实现模块化的预制生产，可以使整个建筑物的建设成本降低30%以

[①] 李新烽、邓延庭、张梦颖：《中国与肯尼亚友好合作》，中国社会科学出版社2018年版，第60页。

上；其二，推动建筑构件的集中统一生产，可以有效避免分散施工的工地给周边居民的正常生活带来的噪音、扬尘等污染问题。在实施建筑构件的集中统一的生产过程中，项目部严格遵守肯尼亚的环保法规的相关规定，对混凝土、水资源的使用状况进行严格的监控，确保粉尘、噪音、污水的排放完全不会对周边环境产生任何不良的影响。

为确保所有混凝土预制件产品的质量维持稳定，项目部全程掌控包括通用部件的大规模流水线模式生产以及专用定制部件的专门化生产的全过程，严格监控包括钢筋铺设、混凝土生产、混凝土浇筑成型、震动捣固、成品的打磨、成品件的养护等工序，确保所有的工程构件能够按照客户的要求，保质保量地按照预定计划予以市场交付。这种监管模式在保证产品的结构能够全面适应当地市场多样化需求的同时，又能够始终如一地保持稳定的产品质量，具有十分重要的意义。

信息管理系统是项目部对本项目实行全面数字化管理的系统。作为全面联系着研发、生产、销售部门的信息体系，整个系统负责监督和显示所有给定项目的结构和状态，能够详细准确地显示出与之相关的所有数据，或者将其呈现为一种可视的模型，加之以相应的图形和表格，以供管理人员进行实时的跟踪与掌控。正是凭借这种信息化的系统，人们可以实现对某个生产部件从订单到生产再到销售的全过程监控，确保了整个过程清晰明了，将公司的生产能力与市场的实际需求以及自身的品牌建设实现了有机的融合。

截至目前，项目部推广的新型建筑理念已经逐步获得了当地消费者的认可，厂区内的各条混凝土预制件的生产线已经逐步建成投产，并且已经开始接受肯尼亚当地市场的订单生产任务，初步成为在当地市场享有一定美誉度的新型建筑商。

（2）建筑材料本地市场销售

除了涉足建筑构件的生产环节之外，中国武夷推动肯尼亚建筑行业走向低成本化的另一项重要途径是在本地搭建专业化的建材超市，利用线上销售与线下分拨的方式推动建筑材料在当地市场的销售。根据项目的总体规划，中国武夷将引入在中国国内市场日臻成熟的"互联网+"模式，将名优品质的中国建材，特别是将来自福建省的优质建材引入肯尼亚市场，主要包括装饰建材、基础建材、板材、瓷砖、地板、厨房、卫浴、装饰材料、装修工具、管材管件、电工电料、五金器材、灯具、油漆涂料、家具、园艺、家电设备等内容，而后结合肯尼亚国内的陆路交通运输网络，将优质的建材产品逐步分拨到肯尼亚国内的各个地区，以批发或者零售的方式满足当地市场的多样化的需求。

此外，中国武夷在将智能化理念引入混凝土建筑构件生产与模块化建筑建设全过程的同时，也将其作为选择建材超市上架货品种类的重要标尺。在房屋的建设方面，中国武夷推荐为每间建设房屋配备智能化的管控设施，主要包括屋顶太阳能光伏发电系统、雨水回收和中水回用系统，甚至包括智能家居系统、智能温控系统、智能检测系统。因此，在建材超市的上架货品选择方面，中国武夷在注重传统的家居建材销售的同时，也逐步引入与智能家居管控系统相适应的新型家具建材，作为向肯尼亚市场推广低成本、节能、环保房屋装修装饰理念的重要途径，有效辅助其在建筑市场推广模块化建筑理念。

目前，建材超市的主体建筑工程已经全部完工，正在进行内外装修工作，已经于2018年下半年全部建成投产。建成后的建材超市成为肯尼亚第一家也是规模最大的专业化建材销售商店，不仅为肯尼亚当地市场提供性价比超高的中国建材和家具产品，也和隔壁的混凝土建筑构件预制厂房一起构成中国武夷深耕肯尼亚建筑市场的桥头堡和根据地。

（三）特福陶瓷：实现中国优势产能的肯尼亚本土化

特福（Twyford）陶瓷位于内罗毕以东70公里，由科达洁能与广州森大合资建设，是肯尼亚乃至整个东非地区规模最大的陶瓷生产厂商，也是中肯产能合作的代表性项目。陶瓷厂总计划投资7000万美元，目前实际完成投资5500万美元。一期生产线于2016年11月投产，二期生产线于2018年3月投产，两期产能叠加可确保每年生产陶瓷地砖、墙砖2000万平方米。特福陶瓷厂将中国成熟的瓷砖生产工艺与当地装修市场的实际需求相结合，对所有产品承诺十年质保，赢得了当地客户的好评，本地市场占有率在85%以上，有效满足了肯尼亚快速发展的城市化进程对于房屋装修在美观、环保、质量等方面提出的越来越高的要求，通过切实提高当地居民的居住生活质量来有效提升肯尼亚的城市化质量。除此之外，特福陶瓷的快速发展在为当地带来大量就业机会的同时，也有效地增加了肯尼亚政府特别是所在地地方政府的税收收入，是引领带动当地发展的强大引擎。

1. 推动中国优势产能落地肯尼亚

在特福陶瓷正式投产之前，肯尼亚国内也存在着若干小型的陶瓷生产厂。这些厂家主要由南亚裔的商人投资和经营，生产供房屋室内装修的小型瓷砖，但长期存在着产品尺寸单一、图案种类单调、釉面质量不高的问题。近年来，随着肯尼亚国内经济社会发展速度不断加快，肯尼亚的城市化进程的速度和规模都呈现出不断攀升的态势，以首都内罗毕为代表的中心城市人口的不断增多有效拉动了房屋的建设和装修行业的发展。而随着人们对室内装修的要求的不断提高，原有的瓷砖产品日益暴露出无法满足当地市场需求的弊端。特福陶瓷的建成投产及其产品的大规模上市销售有效地解决了这个问题，凭借先进的技术和优良的产品质量迅速在当地市场赢得了口碑和信誉，成为树立中国制造良好形象的典范。

作为特福陶瓷的两大股东，科达洁能、广州森大的强强联合与优势互补是确保特福陶瓷厂成功开拓肯尼亚市场的重要先决条件。科达洁能属于中国国内陶瓷行业的领军型企业，拥有完备的陶瓷产品研发体系和先进的生产工艺，其产品在中国国内市场占据较高的市场份额。广州森大已经深耕非洲市场长达15年之久，在非洲业已建立起健全的产品营销网络。此次两者的深度合作确保了来自中国先进的陶瓷产品制造工艺能够与非洲本土的销售市场实现有机对接与完美融合，为特福陶瓷厂实现商业上的成功奠定了坚实的基础。

从技术和设备上来看，特福陶瓷拥有明显领先于肯尼亚境内其他同行的优势：其一，特福陶瓷所使用的压机的压力吨位为2.1万千牛，是目前肯尼亚全国压力吨位最大的压力机，技术标准远高于肯尼亚其他陶瓷厂商所使用的1.5万千牛压力吨位的压力机，为压制生产高品质的砖坯提供了必要的技术保障。其二，特福陶瓷使用的是高清喷墨上釉技术（HD Ink-jet），在技术层面上要大幅领先肯尼亚其他厂商所普遍使用的丝网印刷上釉技术（Screen Printing），确保能给砖坯印刷出质量好且拥有丰富样式的釉面图案。其三，在上釉的生产线方面，特福陶瓷使用的是总长度220米，由包括喷涂保护釉在内的四道程序组成的生产线，而肯尼亚其他厂商普遍使用的是160米长，不含喷涂保护釉程序的生产线。高质量的上釉生产线确保了瓷砖釉面的质量要更胜一筹，不会在短期内出现釉面图案褪色或脱落的情况。其四，特福陶瓷使用更为先进的煅烧窑炉，长度为275米，宽度为3米，烧制温度可以达到1170摄氏度。肯尼亚其他陶瓷厂商普遍使用的煅烧窑炉要稍逊一筹，其长度一般为150米，宽度一般在1.5米左右，烧制温度一般在1000度左右。相比之下，特福陶瓷所使用的烧制设备不仅能够在单位时间内处理更多砖坯的烧制工作，而且可以让砖坯在更高的烧制温度之下变得更为坚固和耐用[1]。

从人员的招募和使用上来看，特福陶瓷初期以中国人员为技术和管理方面的主导，由肯尼亚当地员工

---

[1] 李新烽、邓延庭、张梦颖：《中国与肯尼亚友好合作》，中国社会科学出版社2018年版，第72页。

实际承担瓷砖的所有环节的生产工作。在特福陶瓷担任技术指导和管理工作的中方人员一般都在中国国内拥有十年以上的陶瓷生产工作经历，具有扎实过硬的专业技术水平和丰富的从业经验，为以瓷砖为代表的陶瓷产品保持过硬和稳定的质量提供了必要的保障。在生产过程中，特福陶瓷充分发挥中方技术人员在生产技术方面的专业特长，为当地员工详细、全面地讲解陶瓷产品生产工艺的技术要领以及各类生产设备的操作方法，以帮传带的形式培养当地的技术骨干，确保日后能够实现整个工厂从生产、质检到管理全部由当地员工独立承担。在充分发挥中方人员的技术引领作用的同时，特福陶瓷严格遵守肯尼亚法律法规在有关用工方面的相关规定，大量招收当地的员工，总计为肯尼亚提供数百个就业岗位。当地员工已经在中国技术人员的指导下，全面承担起瓷砖生产线上的所有日常工作。除了接受中方人员的指导之外，公司还设立专项奖学金，支持具有培养前途的员工前往肯尼亚国内的高等学府或技术学校进行培训和深造。现如今，生产线上已经成长起来一批技术过硬的当地员工，他们正在成为带领其他本地员工全面支撑起特福陶瓷发展的技术骨干力量。

在先进的生产技术和专业化的人才队伍的双重支持下，特福陶瓷在开拓肯尼亚市场的进程中取得了令人瞩目的成绩，由其生产的瓷砖产品在当地市场的占有率一路飙升，目前已经超过85%，是当地当之无愧的第一品牌，特别是高端瓷砖产品，广受当地用户的追捧，频繁出现供不应求的局面。未来，特福陶瓷将继续深耕肯尼亚市场，进一步提升产品的质量和丰富产品的种类，用更为优秀的产品和服务回馈肯尼亚市场和消费者的厚爱。此外，特福陶瓷未来还将以肯尼亚作为桥头堡，充分利用东非次区域一体化的发展红利，逐步将市场拓展到其他东非国家。

2. 树立中国企业的良好形象

特福陶瓷在当地市场取得商业上的成功的同时，将积极履行社会责任作为回馈当地市场厚爱的主要途径。无论是在工厂的建设过程中，还是整个一期、二期生产线投入正式运作之后，特福陶瓷始终将保护周边的生态环境，改善周边农村社区居民的生活作为履行社会责任的主要着力点，积极树立中国企业的良好形象。

其一，积极保护周边的生态环境。作为一家生产陶瓷制品的厂家，砖坯制作和上釉过程中产生的废水以及窑炉燃烧所产生的烟尘往往会对周边的环境产生一定的不利影响。特福陶瓷在全面从中国引入先进的陶瓷生产工艺的同时，也不惜增加成本，增设了对废水、烟尘等污染物加以严格管控和治理的设备，将保护周边的生态环境作为自己肩负的首要责任，确保厂区的正常生产不会给周边环境带来任何负面影响。具体而言，特福陶瓷所采取的环保措施主要包括以下内容：从污水治理方面来看，公司引入污水净化与再循环系统，不仅确保了砖坯制作和上釉过程中产生的废水绝不会直接排放到周边的土地或水源中，而且使用经过净化后的再循环的废水解决了生产所需的水源问题，可有效减少对厂区周边水源或地下水的使用量和开采量，实现了水污染治理与节约用水的有机统一。从解决窑炉燃烧带来的废气方面来看，公司选择使用液化气作为窑炉的燃料，并且配套建设了液化气的生成设备。液化气的使用不仅可以有效提高窑炉的燃烧效率，而且避免因大量燃烧煤炭而带来的硫化物、氮氧化物排放的问题。在这些环保措施的支持下，特福陶瓷的厂区虽然已经投产两年多，但至今没有出现过厂区产生的废水或有毒有害气体污染周边环境的事件，也未曾发生周边居民因环保问题提出批评和抗议的情况，有效实现了经济效益与环境效益的相互平衡。

其二，大力改善周边农村社区居民的民生。特福陶瓷厂区周边有多个农村社区，基础设施建设滞后，大多数居民仍然处于贫困状态。自厂区开工建设以来，特福陶瓷就将加强与周边农村社区的交流与联系，用自身的发展推动当地民生改善工作作为重要的任务目标之一，确保实现经济效益与社会效益的有机统一。除了面向当地农村社区招收工厂工人，用提供就业岗位的方式提升当地居民的收入水平之外，公司还主动作为，多措并举，积极开展改善居民民生的各项事业，具有代表性的工作主要包括：为当地农村社区整修道路，将年久失修的土路、泥路逐步改建成为拥有硬化路面的公路，全面打通当地居民通往以 A109 国道为代表的干线公路的通道，大幅改善了当地居民的出行条件。为当地灾区开展募捐活动，2017 年肆虐肯尼亚全国的旱灾同样波及了厂区周边的农村社区，对当地居民的正常生活造成了严重的影响。为了积极救助灾区民众，确保其在全国大旱期间仍然能够维持正常的生活，公司组织了由中国员工参与的捐款捐物活动，共筹集 10 万肯尼亚先令以及大量日用物品。这些筹集来的财物都及时交到了灾民的手中，有效地发挥了赈灾的作用。正是通过这些公益性的活动，特福陶瓷在当地居民中的被认可程度不断提升，树立了中国企业的良好形象。

四 中肯产能合作面临的问题及相应的应对建议

无论是横向比较,还是纵向比较,中肯产能合作在"一带一路"倡议深度对接肯尼亚"2030愿景"的东风下,取得了较为明显的发展成果。但需要看到的是,肯尼亚仍然是非洲国家,中肯关系只是中非关系的有机组成部分,因此当前非洲国家面临的问题,同样是在不同程度上掣肘中肯合作关系的障碍。在此形势下,中肯产能合作仍然需要及时应对不同领域的挑战,为中肯关系的行稳致远提供支持。

(一) 中肯产能合作面临的挑战

1. 经济发展脆弱

总体来看,肯尼亚的经济发展和产业结构仍然是非洲国家典型的特征，原材料出口在经济发展的驱动中发挥最重要作用，对海外市场依赖严重，因此面对目前全球化的退潮和后疫情时代的诸多不利因素可能会放大肯尼亚经济社会发展中存在的缺陷，给中非产能合作带来不利影响。

具体来看，以下方面将成为中肯产能合作面临的直接障碍：

其一，肯尼亚的产业机构相对脆弱，应对国际市场波动风险的能力较差。肯尼亚创汇的主要来源，仍然是以牛油果、花卉为代表的初级产品或者原材料，经济发展对外贸依赖程度高，易受国际市场和国际局势变动的影响。与此同时，尽管肯尼亚能够生产并且向东非国家出口部分初级工业制成品，但绝大多数的工业产品仍然严重依赖从国际市场的进口。在这种情况下，除了易于受到国际市场波动影响之外，肯尼亚还将在这种不对等的贸易结构中，花费大量的国家财富用于维持经济发展的对外依存度。因此，一旦国际市场发生剧烈波动，肯尼亚的经济发展缺少能够积极适应和平衡风险的能力，将直接引发国内的经济危机，导致其他产业的发展相继被波及。无论是近两年来国际大宗商品价格的波动，还是 2020 年来肆虐全球的新冠肺炎，都导致肯尼亚的经济增速出现大幅度下滑。

其二，肯尼亚的债务风险不断上升，影响国际产能合作的可持续性。肯雅塔总统上台以来，肯尼亚以推动"四大工程"为核心的现代化建设，出现了前所未有的发展速度和发展力度，随着国家财政支出的力度不断加大，债务的负担也越来越重。特别是作为肯尼亚独立建国后实施的规模最大的工程项目，蒙内铁路的国际融资压力给肯尼亚财政带来巨大的压力。截至铁路建成通车时，肯尼亚的债务占到GDP的比重已经超过50%，其中外债在总体债务中的占比超过80%[1]。受债务负担影响，肯尼亚不仅自身的经济发展面临巨大的风险，而且继续推进国际产能合作的能力也被大幅度透支。也正是由于受到融资方式和债务负担的影响，继续通往乌干达的内马铁路二期、三期离实质性的全面动工，还存在着较大的距离。在新冠肺炎疫情的冲击之下，肯尼亚的经济发展遭受重挫，税源和外资大幅度减少的同时，各类抗疫措施又消耗了大量的政府财政力量，致使全国无力偿付包括中肯产能合作在内的国际产能合作产生的债务。而且结合当前全球经济形势以及非洲未来两年内的发展前景，肯尼亚缓慢的经济恢复带来的成果，也将首先被用在民生改善上，缓解债务压力的可能性相对较低。

---

[1] 参见肯尼亚中央银行有关公共债务的统计，https://www.centralbank.go.ke/public-debt/.

2. 安全形势严峻

由于非洲国家社会治理能力相对不足，加之国际恐怖主义势力大肆渗透，非洲近年来成为全球恐怖主义泛滥最为严重的地区，不仅世界上恐袭爆发风险最高的国家大多位于非洲，而且非洲经济发展相对较好的国家，如尼日利亚、埃塞俄比亚、肯尼亚均面临较为严重的恐袭威胁。新冠肺炎疫情的暴发不仅大幅度冲击了非洲各国发展民生的社会经济资源，而且也部分销蚀了非洲国家动用军事力量打击恐怖主义所需要的物质基础，因此客观上给恐怖主义的继续泛滥提供了便利条件。肯尼亚由于特殊的地理位置，毗邻非洲之角，加之境内大量的索马里族群处于被边缘化的境地，民族主义、极端主义情绪的滋生，导致索马里青年党对肯尼亚的渗透力度不断加强。

近两年来，索马里的安全形势出现不断恶化的态势，而作为在索马里安全事务中发挥重要作用的国家，以及索马里的重要邻国，肯尼亚也遭受了直接的波及。从索马里的国际维和来看，非盟主导的维和团（AMISOM）由于缺乏必要的资金支持，特别是背后金主欧盟决定要加快从索马里维和的无底洞中撤出的步伐，国际力量对索马里极端主义势力的打击能力实际上是在下降。从域内局势来看，埃塞俄比亚作为长期主导非洲之角局势的稳定锚，近两年来国内族群矛盾不断升级，最终酿成政治危机和军事冲突，大幅度消解了该国在推进非洲之角安全形势改善进程中发挥的建设性作用。此外，由于地理位置毗邻阿拉伯半岛，索马里青年党还掌控大量的印度洋非法走私航线，为国际恐怖主义势力从西亚地区向非洲的大规模渗透提供了便利的条件，成为恐怖主义向大湖地区、南部非洲继续蔓延的大通道。从肯尼亚国内来看，索马里族的人口数量近年来保持快速增长，无论是增幅和增速均超过吉库尤族、卡伦金族等肯尼亚政治发展中的传统力量，未来有望成为主导肯尼亚发展的主要民族之一。但从现实环境来看，肯尼亚的政治仍然是围绕着以内罗毕、吉库尤族为中心的逻辑在发展，索马里族仍然处于相对边缘化的地位，而这种人数增长与实际经济政治权益不对等的局面，也加剧了索马里族内部滋生极端主义情绪，为索马里青年党势力的滋生和蔓延，提供了广阔的土壤和基础。

2018年以来，肯尼亚的恐怖袭击爆发数量呈现出快速增长的态势，不仅东北部与索马里交界的各郡县频繁出现武装分子的恐袭活动，而且首都内罗毕的繁华市中心也发生了袭击外国游客的恶性恐怖活动。随着恐袭的频次和烈度的上升，肯尼亚的总体社会治安面临着恶化的风险，部分中肯合作项目也受到了波及，特别是以中国武夷为代表的在东北部曼德拉、加里萨等郡县承担项目的中国企业，工程设备、施工工地频繁受到武装分子的袭扰，不仅严重威胁中国公民的生命与财产安全，而且大大迟滞了工程的推进力度。

3. 大国博弈的影响

在近现代国际关系体系中，非洲长期处于西方国家主导的体系的边缘地位，而西方国家，特别是从殖民时代就开始在非洲拥有特殊利益的国家，也往往把非洲看作自己的后花园、狩猎场，不容其他力量涉足。中国与非洲开展大规模交流合作的时间虽然相对西方国家较晚，但在中非友谊的支撑下，进步却十分迅速。特别是在中非合作论坛的引领和带动下，中国和非洲成功缔造了世界上规模最大、成果最多、机制最为成功的发展中国家多边合作关系。近年来，中国不仅连续多年成为非洲最大的贸易伙伴、工程承包国，而且在文化交流、能力建设、安全合作、环境保护等方面，与非洲国家的合作也越来越深入。特别是在"一带一路"倡议深度对接非盟《2063议程》的形势下，中非关系更是驶入发展的快车道。面对突如其来的新冠肺炎疫情，中非携手抗疫进一步凸显了中国作为负责任大国的担当，为深陷疫情的非洲带来了希望。中肯关系则是体现中非关系近年来快速发展的突出性代表成就。

但在当前西方国家重新调整对华战略的背景下，非洲成为前者加速对中国实现战略围堵的重要场域。肯尼亚作为在非洲经济、政治发展中具有重要地位，且长期与西方大国保持友好关系的大国，自然被西方世界视作与中国在非洲争夺的重点。在中国加强对肯产能合作的同时，美西方也在进一步强化对肯尼亚合作。比如，在反恐与安全方面，美国坚持把肯尼亚作为非洲反恐战争的前沿阵地，是美国参与非洲之角与大湖地区事务的重要支点。从奥巴马政府，到特朗普政府，再到当前的拜登政府，总统或者内阁高官出访非洲，肯尼亚是优先选择的目的地之一。而在经贸合作、国家治理体系建设等方面，欧盟、英国均与肯尼亚保持着密切的联系，给予肯尼亚以稳定的支持和优厚的待遇。除此之外，美西方还加大了对肯尼亚国内的反对党、非政府组织的支持，力图巩固和扩大自身的传统优势，对中肯合作加以一定程度的挤压。

4. 消极社会舆论的掣肘

由于历史的原因，非洲国家使用的官方语言普遍是前殖民宗主国的语言，民众特别是城市的公民社会、精英阶层深受西方价值观和文化的影响。在部分西方国家通过设置消极议题围堵中国在非洲的影响力之时，这些议题的最大受众群体往往是非洲各大城市中的西化群体，而这些人往往又承担着向广大农村地区的居民二次传播和加工信息的职责，因而在非洲社会整体的价值观和舆论塑造中，扮演着十分重要的作用。从近年来批评中非产能合作的这些负面消息，可以看到非洲的反对党以及部分媒体、学者往往与西方媒体、政客持有同样的涉华观点和结论。当地社会不时炒作这些言论的目的，或者是因为受西方的误导而批评中国，或者只是借中非关系批评非洲执政党或领袖的政绩。但不论原因如何，这种现象的存在客观上不利于构建中国在非洲的积极形象。

肯尼亚正是非洲这类问题突出表现的国家之一。从语言、制度和文化价值观上来看，肯尼亚不仅长期受到英国殖民统治，而且是英国统治整个东非的核心地带，因此在官方语言、法律体系、政治制度、教育体系等多个方面，都直接沿袭或者照搬了英国的模式，从资讯信息获取、概念认知、范式认同等多个方面，都更方便与西方世界，特别是英语世界接轨，容易成为西方创造的抹黑中国议题的消费市场。事实证明，在中肯产能快速推进的背景下，西方的影响快速在肯尼亚产生诸多专门针对中国的黑化议题，竭力引导当地舆论歪曲理解中肯关系的影响与意义。仅蒙内铁路一个工程，就出现了诸如债务陷阱、破坏环境、输出落后产能、挤占本地就业等诸多议题，一时间媒体、议会、非政府组织纷纷热炒上述议题的"严峻性"，中方与肯尼亚政府更是花费了大量的人力和物力来回应这些无端指责。随着新冠肺炎疫情的冲击和2022年大选的临近，众多涉及中肯合作的消极声音又开始大幅度浮出水面，特别是肯雅塔总统执政八年内与中国推动的产能合作项目，已然成为朱比利党内不同派别相互竞争，以及反对党向执政党发难的焦点。这些言论的流传与发酵，会在很大程度上破坏中肯合作可持续发展赖以依存的民意基础。

（二）相关建议

1. 持续夯实中肯政治互信

中肯政治互信赖以存在的条件是双方的相互认可，对彼此核心利益的相互尊重。尽管中肯双方当前在实现包容性发展、增进民众福祉、参与世界治理等宏观目标上存在共同的利益，但受各自所处的不同地缘政治环境、自身政治制度、传统文化的差异等的影响，在如何实现上述共同的宏观目标的具体途径上，依然存在一定的认知差异以及不同程度的利益诉求分野。这些问题也往往成为西方国家或者非洲内部反对势力大做文章的焦点，其目的就是在当前快速变化的世界局势之中，逐步动摇中肯政治互信的根基。

为应对这种挑战，中肯双方应通过以下途径加以应对。一方面，中肯应持续加强治国理政交流。中肯双方存在政治制度和政治文化的差异，双方都应该客观认识并尊重这个事实。但与此同时，双方的认知也不能停留在政治制度形式差异这个表象之上，而是应该以推进社会治理为导向来认识不同政治制度的优势和不足，搭建交流互动契合点，并辅之以相应的机制与平台建设。只有通过政党、政府、议会等组织或机构之间多维度、深层次的治国理政交流，双方才能摆脱西方舆论的误导，不断增进相互认同，巩固政治互信。

另一方面，中肯应与时俱进地夯实共同利益。这其中蕴含着两个层面的含义，一是双方应持续尊重对方的核心或基本利益，二是双方合作的利益焦点应不断扩大，当前随着国际形势的变化，中国正在被迫被西方特别是美国锁定为全球头号竞争对手，涉及中国主权和领土完整的各类议题相继沦为西方攻击中国的地缘政治武器。与此同时，肯尼亚推进落实"2030愿景"，加速后疫情时代的社会经济恢复，切实推进东非一体化发展，在非洲事务中发挥更大作用的愿望，正在变得愈发强烈。在此形势下，双方应审时度势，加强交流，彼此尊重和支持对方的利益诉求，寻求最大公约数，为夯实政治互信，提供必要的基础。

2. 加强中肯人文交流

从当前中肯关系发展的总体格局来看，结构性不平衡依然十分明显，经贸合作一骑绝尘，人文交流严重不足。中肯人文交流发展相对滞后既有历史原因，也有现实因素。从历史方面来看，中肯双方之间的地理空间遥远，直接的人员互访相对较少，彼此之间的了解程度严重不足；从现实因素来看，近年来推动中肯合作的主力仍然是中非双方的政府以及企业，合作也往往聚焦于经贸关系或基建合作。人文交流短板的存在，导致中肯双方的民众、社会在整体上相互了解不足，彼此的理解往往需要通过西方媒体的信息中继，因此客观上为西方借助舆论、范式、概念、议题上的霸权来歪曲中非交流提供了空间。此外，尽管中肯双方的媒体、学者也都在加大针对彼此的正面宣传，但受制于双方传统文化、政治制度的差异，很多努力实际上并未达到预期的效果。

"民心相通"在中非共建"一带一路"的过程中发挥着基础性作用。中肯关系要实现可持续发展，人文交流的不足，特别是政府和企业之外的其他行为体所承担的人文交流的短板，必须尽快补齐。具体来看，中肯双方可在以下几个方面具体着力。其一，中肯双方的学术界要加强独立创制议题的能力。无论是人文交流和舆论导向，其核心都是围绕着若干中心议题而展开的人类社会活动或价值判断。中肯人文交流的最突出弱势，就是缺少能聚合双方社会或民众关注点的共有议题，反而是常常围绕着反驳、批判西方设置的议题而展开，实质上还是被动地被西方主导权牵着走。为此，双方学界应该在充分总结中非共同利益、共同使命的基础上，独立提出一些议题，吸引中肯双方的各界人士积极参与讨论、合作、交流，使之成为引领中肯人文交流的基本坐标。其二，双方的宣传方式特别是中国对肯尼亚的宣传方式应该尽可能多样化。中国传统的官媒宣传在报道内容、报道形式上都较为单一化，难以被肯尼亚当地社会的多元化受众广泛地接受和认可。因此，中国应该大力发展多元化宣传方式，努力巩固中国传媒资源大批聚集内罗毕的优势，更多地拓展非官方、非传统媒体在宣传中的作用，努力发掘在华肯尼亚人群体、在肯华人群体、智库学者、网红达人的宣传价值，同时积极占领社交媒体、短视频网站和智能终端时代的宣传平台，大力借用融媒体、短视频、微博等方式，从更广阔的维度宣传中肯关系，增强宣传效果。

3. 积极应对债务风险

受全球经济走势和疫情的影响，肯尼亚的债务压力不断增加，对中肯产能合作的可持续发展，构成一定的挑战。在可预见时期内，肯尼亚要稳妥处理本国的抗疫问题与经济发展战略，确保债务增速和增幅不会给对外合作带来太大压力。中国应积极对接肯尼亚的相关政策，继续强化对肯尼亚债务的合理管控，为两国产能合作的可持续发展，奠定必要的基础。

从短期来看，中国可考虑肯尼亚暂缓支付国际融资合作的本息，确保肯尼亚全国能够集中力量聚焦疫情后的复工复产，令整个社会经济秩序加快恢复，为中肯合作的既有成果重新投入正常生产，奠定必要的前提条件。从中期来看，对于确实难以有效偿还中国债务的工程项目，中国可考虑推动债务转化成为股份，参与项目的实际运营和管理，提升项目的盈利能力。

从长期来看，中国需要围绕推动非洲国家债务可持续性、提高中非合作水平的目标，推动肯尼亚的债务可持续性与中肯产能合作相适应发展，具体可采取下列措施：其一，密切监控肯尼亚的国家债务风险，构建债务风险预警体系，从债务增速、债务结构、债务相对规模、经济增长动能和国际收支等方面，构建衡量肯尼亚债务风险指标的体系，及时就债务问题作出相应的预警。其二，优化债权结构，适度减少大型工程类、基建类项目投资，特别是内马铁路完成后，谨慎上马其他特大型交通设施项目，适度增加与制造业相关的债权规模。其三，积极开展国际合作，广泛对接国际多边组织，主动与世界银行、国际货币基金组织、非洲开发银行等相关国际和地区多边金融机构合作，联合对非洲国家项目开展融资贷款，增强中国对肯尼亚提供融资支持的国际认可，同时不断扩大新兴的国际多边金融机构对非洲的支持力度和比例，提升对包括肯尼亚在内的非洲国家贷款的可行性审查与风险评估，确保融资支持能够更好地转化成为助推当地现代化建设的动力。

主要参考文献

1. 高晋元:《列国志·肯尼亚》,社会科学文献出版社2004年版。
2. 李新烽、邓延庭、张梦颖:《中国与肯尼亚友好合作》,中国社会科学出版社2018年版。
3. 邓延庭:《中国与东非共同体成员国友好合作》,中国社会科学出版社2019年版。
4. 《对外投资合作国别(地区)指南·肯尼亚》,商务部国际贸易经济合作研究院2020年版。
5. 《2018—2019肯尼亚中资企业社会责任报告》,肯尼亚中国经贸协会,2020年。
6. Kenya Report, Economic Intelligence Unit, November 2021.

邓延庭，中国非洲研究院助理研究员，主要关注领域为东非。